CW01573454

LE TRIPODE

Littératures ■ Arts ■ Ovnis

CALME ET TRANQUILLE

Valérie Manteau

CALME ET TRANQUILLE

LE TRIPODE

Passe-moi par-dessus tous les bords
Encore un effort
On sera de nouveau
Calmes et tranquilles
Calmes et tranquilles

Noir Désir, *Les Écorchés*

1

Ça commence bien.

Crises délirantes. Tremblements. Vomissements interminables. Larmes. Menaces de rapatriement si la fièvre ne tombe pas pendant la nuit. De rage je me jetterais dans le fleuve avec ce corps si faible, défaillant, hors d'usage, si j'en avais la force.

Assise au pied du lit où j'aurais dû dormir – je le savais pourtant – dans la moustiquaire fermée, mais trop tard, piquée, j'entends le sermon des évangélistes dans la pièce à côté. Quels que soient nos péchés, il est certain que Dieu lui-même ne se mettrait pas dans des colères pareilles, sinon il ne serait pas Dieu. Ça va être difficile à leur expliquer maintenant que j'ai l'air d'une sorcière transpirante et possédée. Mais qu'ils se taisent par pitié, qu'ils se taisent.

Ils disent que c'est le fleuve qui leur inspire ces transes braillardes. Des troncs d'arbres entiers défilent sur l'eau, on les confond peut-être avec des animaux, ils accrochent dans leurs lianes d'autres végétaux agrippés aux rochers et c'est comme un grand mouvement de foule incontrôlable vers l'océan encore lointain. Certains s'échoueront en chemin, après les rapides, face à Kinshasa, là où ce soir se joue *4.48 Psychose* de Sarah Kane.

Il faut louer un minibus pour y aller m'a-t-on dit. Et on verra, quand on y sera, comment revenir.

Qu'une *mundele* veuille louer un minibus pour aller voir une pièce de théâtre à l'autre bout de Brazzaville fait plutôt rire les Congolais. À la tombée de la nuit je sors et monsieur Aristide, le gardien de l'église, m'aperçoit alors qu'il jette sous le regard contrarié des corbeaux quelques palmes encore vertes dans un grand feu d'ordures. Il me hèle, Où allez-vous comme ça, dans cet état ? Ses yeux sont vitreux presque opaques, ils reflètent la lumière des flammes de plus en plus gigantesques, comme aveugles, lampadophores.

Je le sais bien que je suis malade à crever mais j'insiste pour sortir quand même. Je laisse la fièvre cette nuit aux évangélistes et pour méthodiquement m'exorciser, je longe jusqu'au bout du goudron les murs du cercle Sony Labou Tansi sur lesquels il est écrit en lettres capitales : « Pour faire du théâtre en Afrique, il faut boxer la situation ». Après le pont, la ville s'échoue parmi les parcelles inondées, on navigue sur le chemin qui tortille à la lumière de la lune dans les flaques d'eau diluviennes, jusqu'à finalement arriver là où un dieu (un autre), nietzschéen celui-là, un dieu dansant, a jeté un théâtre comme une pierre au fond d'un ravin.

Les mômes des parcelles alentour se hissent sur la scène pour jouer au milieu des techniciens et on a le plus grand mal à les faire se tenir tranquilles pour que la pièce commence. Les mamans discutent entre elles en langues, elles sourient généreusement aux *mundele* et se préoccupent peu des trois coups frappés dans le vide, du spectacle qui s'enclenche comme un songe, la vie le théâtre s'enchaînant dans le même entre-deux que la nuit qui tombe.

S'avance en chantant du fond de la scène un danseur comme une apparition, un éclat de violence, une incarnation démoniaque. Les mains couvertes de sang – ces mains que je n'oublierai jamais – qui gouttent. Il tend ses bras immenses, tellement noueux qu'on dirait que c'est l'extrême densité de son corps qui l'a rendu noir, comme s'il absorbait la matière, comme s'il avalait la lumière.

Il sourit et il est glaçant, plus il sourit plus son calme est inquiétant, il rit carrément et par le rire malgré la mort qui l'enveloppe il se projette parmi nous, les vivants qui le regardons tétanisés. Ce n'est pas qu'il déclame le sésame de Sarah Kane,

Ouverture de la trappe

Lumière crue.

Il l'annonce comme la Bonne Nouvelle, comme l'Apocalypse. C'est la fièvre des évangélistes, des prêcheurs de malheur, des augures néfastes, c'est le moment où *le déchirement commence.*

On est longtemps avant les attentats, avant l'expérience de l'effondrement, on est loin ailleurs, il ne m'était encore jamais venu à l'esprit qu'on puisse avoir peur de mourir au théâtre. Je m'attends à voir le sol s'ouvrir comme si nous étions pour de bon sur l'échafaud, la trappe s'ouvrira-t-elle s'ouvrira-t-elle pas, et lui continue de danser, danser furieusement sur le plancher branlant qui nous sépare de l'enfer.

J'ai connu une nuit où tout me fut révélé.

Comment est-ce que je peux encore parler ?

Crucifiée sur mon siège, muette et crispée, une voix venue d'ailleurs me martèle Ressaisis-toi, il faut fuir maintenant. L'implacable fatalité, le leurre de la paix, du divertissement, d'une nuit de solstice.

Au réveil, la fièvre était tombée.

2

Dans une autre vie. Escapade à Istanbul. Nous attendons tranquillement avec Micha le bateau qui remonte le Bosphore, en ligne parmi d'autres, on bavarde, personne ne se doute, il n'y a aucun signe.

Un appel en absence de mon père, pas de message.

Cette évidence qu'il se passe quelque chose de grave.

Il ne répond pas.

Ma mère non plus.

Mon frère. Fred qu'est-ce qui se passe ?

Il articule, Louise est morte.

Craquement d'une branche qui tombe.

Comment ça morte ?

Il ne sait pas.

Il ne sait rien de plus.

Elle est morte elle est morte.

Je répète stupidement ce que j'entends en fixant Micha dans les yeux, ses yeux qui ne pourraient pas être plus grand ouverts et qui semblent pourtant s'ouvrir encore, qui ont peur et qui font peur, qui vont d'un coup tout engloutir. Sans ce regard qui me dévore j'aurais pu ne pas y croire, raccrocher et prendre le bateau.

Mais Micha répète elle aussi comme un écho très faible qui me retourne mes questions, Louise est morte ? Mais comment ça morte ?

Cette scène m'agace, l'embarras de mon frère sonne faux, je voudrais m'en débarrasser comme d'un importun truc qui colle,

Mais enfin Frédéric c'est n'importe quoi on ne meurt pas comme ça du jour au lendemain sans raison.

Lui aussi s'énerve de mon insistance Valérie-je-ne-sais-pas-comment. Tu vas pas poser la question deux cents fois là, arrête, tu sais aussi bien que moi.

Qu'est-ce qu'il raconte, mais qu'est-ce qu'il raconte cet imbécile.

Tu veux dire que tu n'as pas pensé à demander ? Toi on t'appelle on te dit Louise est morte et toi, et toi... ?

Les gens se retournent dans la file, se touchent du coude, je hurle. Silence au bout du fil, soupir.

Valérie, arrête ! Elle s'est tuée.

Il raccroche.

Comme si le monde se réinitialisait.

Ouverture de la trappe, la grand-mère tombe.

Celle qui disait en regardant les photos de sa jeunesse et de son mari si beau à l'époque, qu'elle s'était bien trompée, que la vie lui promettait tant (elle ne le disait pas comme ça bien sûr, pas son lyrisme) ;

Celle à qui on allait enfants rendre visite à l'hôpital, qui nous montrait les barreaux aux fenêtres pour pas qu'on saute disait-elle ;

Celle qui avait traversé les marais de l'île d'Oléron en voiture sans phares, une nuit noire d'été, en suivant au jugé la bande plus claire de la route sinueuse, pour voir si elle y arriverait (ceci c'est moi qui l'ajoute, en vrai je ne sais pas pourquoi elle avait fait ça) ;

Celle qui exhibait ses boîtes de médicaments par dizaines bien rangés dans le semainier, des gélules de toutes tailles de toutes couleurs, maniaco-dépressivement classées, elle les avalait par poignées et buvait un coup là-dessus pour finir en riant, parlant fort, trébuchant culbutant se vautrant dans le jardin (ce souvenir est très clair, enfantin, joyeux même ; sauf ma mère, la tristesse, la fatigue, la honte peut-être aussi de ma mère ce jour-là où Louise s'était effondrée ivre dans le jardin) ;

Celle dont on devinait la violence impuissante, l'obstinant besoin d'être reconnue dans son amour matriarcal contrarié, contradictoire, effrayant (pur jugement subjectif) ;

Celle qui ne pouvait plus rien faire sans se blesser et qui vivait recluse (j'exagère) chez elle, qui prétendait avoir lu tous les livres de son immense bibliothèque de classiques reliés cuir achetés en lots par correspondance, elle que nous n'avions toujours connue que devant la télévision (je n'ai pris conscience de cela, qu'elle se vantait, qu'elle n'avait évidemment pas tout lu, peut-être rien lu même, qu'une fois larguées les amarres de la reproduction sociale ; aussitôt regrettée, la généreuse crédulité de l'enfance) ;

Celle qui ne loupait jamais une occasion de rappeler que *malgré tout*, elle m'avait sauvé la vie quand bébé, il avait fallu m'emmener à l'hôpital pour m'opérer d'urgence. Elle me faisait montrer à chaque visite la cicatrice qui grandissait en même temps que moi sur mon ventre, le barrant d'une longue impressionnante ligne blanche ;

Une époque jardinage, une époque vélo d'appartement, une époque tricot, une époque peinture sur porcelaine, puis plus rien.

Plus rien que la télé, l'alcool et les médicaments, la haine de l'autre grandissant dans la solitude à deux.

Morte donc. La mort la plus laborieuse qu'on puisse imaginer.

3

J'ai appelé Patrick, premier réflexe, pour qu'il me dise quoi faire et il me dit : Rentre à *Charlie* ; c'est ce que je fais.

On est lundi, c'est jour de bouclage au journal. Toute l'équipe est réunie : la chaîne bien rodée relit, corrige, valide, maquette. Les dessinateurs sont assemblés autour de la table ronde, chacun à sa place attitrée, et remplissent les cases vacantes du journal qui s'affiche progressivement, page par page, au mur derrière Cabu. C'est mon jour préféré à la rédaction. Ils sont comme des gamins, découpent collent colorient en racontant des obscénités et rigolent ensemble.

Wolinski est là et c'est rare, il vient de temps en temps le lundi mais il ne fout rien, il se croit au cabaret. Il regarde défiler les filles qui travaillent, il les dessine (nues le plus souvent), ne tarit pas d'éloges sur le port de tête si gracieux de la petite nouvelle, la jeune Coco. Il est content d'être avec ses copains et quand on lui demande son avis il le donne doctement, en affirmant souvent, sans complexe, n'importe quoi. Il revient d'un festival dans le Sud dont il était l'invité d'honneur, il raconte en riant qu'il a accepté l'invitation sans savoir du tout qui l'invitait ni pourquoi, parce que dans le Sud la bouffe est bonne. Lors du dîner officiel, il s'est allègrement mélangé les pinceaux, a inversé les noms, et fini par se trahir en demandant poliment à son voisin, député-maire du coin qui croyait lui faire honneur en l'ayant convié à sa table, ce qu'il faisait dans la vie... La liberté franche, désuète aujourd'hui et peut-être inadaptée à notre époque si sévère, si militante, du je-m'en-foutisme : Wolinski.

Cabu s'affaire à ses caricatures en grignotant des brioches sucrées cachées dans son sac. Le plus studieux des dessinateurs et le meilleur public imaginable pour les bêtises des autres, il vient avec ses provisions pour ne pas avoir à sortir de la journée et ne pas perdre une miette de sa récréation hebdomadaire. En écoutant Wolinski il éclate de rire, on dirait qu'il va se jeter par terre de rire, d'une joie si communicative. Val lui fait écho, avec son rire immense qui fait trembler les murs ; Catherine rivalise avec fracas ; Laurent pondère de sérieux Ho ho ho.

Charb nous fait signe de baisser le volume, il est au téléphone. Assis à son petit bureau à part, il fait à la fois la *kommandantur* et le standard. Il passe des heures le combiné coincé dans le cou à écouter les fous qui appellent pour se défouler, pour dénoncer on ne sait quel complot islamo-sioniste, il écoute sans écouter, il dessine en même temps et quand il en a marre il dit Vous allez prendre vos médicaments maintenant et aller vous coucher d'accord ? Et il raccroche. Parfois les gens appellent pour lui parler et n'en reviennent pas de l'avoir directement en ligne, il doit répéter dix fois que oui c'est bien lui. Parfois les gens appellent pour parler à Reiser, ou à Gébé, et il répond très poliment qu'ils sont sortis fumer une clope et qu'ils reviennent bientôt.

Radicalement minoritaire, des positions parfois tellement excentriques qu'il serait extravagant qu'il ne soit pas tout seul dans son parti unique, mais le plus consensuel camarade de travail. C'est pas difficile d'être copain avec Charb, le chouchou de la classe, une fois passé le côté déstabilisant pour quiconque croyait le connaître en le lisant, de son calme, sa discrétion, sa délicatesse. Ce type qui dessine depuis vingt ans des strips scatophiles et des caricatures d'une cruauté exubérante se laisse aller, dans sa bulle d'enfant sage sur son coin de table, à imiter les piaillements des oiseaux. À la perfection, d'ailleurs. Combien de fois a-t-on vu les invités de la rédaction se retourner en tout sens, chercher sous les tables où pouvait être le piaf égaré dans les locaux. Curieux de tout, immédiatement bienveillant, passionnant sur de nombreux sujets, inattendu. Et d'une drôlerie inépuisable ; formant, avec Luz, un irrésistible duo d'improvisations comiques.

C'est dans ce bac à sable de maternelle que je viens enterrer Louise suicidée, on ne sait toujours pas comment.

C'est l'heure de choisir la couverture de la semaine : les dessins candidats sont affichés au mur et chacun y va de son commentaire. L'actualité est partagée entre les élections européennes (dont tout le monde se fout), et le crash d'un Airbus dans l'Atlantique qui a fait plus de deux cents morts et la une de toute la presse. Les avis sont partagés. Un dessin de Riss semble se dégager, l'image d'un avion en pleine chute. Le titre est synthétique :

228 DISPARUS...

228 ABSTENTIONS DE PLUS AUX EUROPÉENNES.

Riss bougonne qu'on va encore recevoir des tonnes de courriers d'injures. Ce genre de sujets émotifs agite les réseaux sociaux. Mais si les autres sont sûrs... Cabu est catégorique, c'est Riss.

Je m'approche de la table ronde, je m'assois à côté de lui. En tête-à-tête avec son dessin, il a l'air puni de l'élève qui a récolté un devoir supplémentaire. Mais il se laisse distraire, comme s'il prenait soudain conscience de ma présence, il m'attrape l'épaule, me secoue amicalement, Ça va ?

Je dis que ma grand-mère est morte. Il savait, bien sûr. Il reste pensif, comme embarrassé par autre chose, comme s'il cherchait une idée,

Ouais. Ça va faire une abstentionniste de plus.

Tignous, assis en face, hésite un instant, me sonde du regard – et part d'une avalanche de rires sonores, entêtants, qui roulent en cahotant comme une deux-chevaux hilare, un rire drôle, un rire qui nous contamine tous.

4

Deux jours plus tard, je prends le train pour l'enterrement. Solidarité mystérieuse, Vincent, dont le père s'est suicidé il y a quelques mois, a proposé de m'accompagner. J'ai préféré emmener le chat qui me suit partout depuis des années. Tout le monde aime ce chat qui aime les gens, la chaleur, le confort des genoux des lecteurs. C'est vrai en revanche qu'il n'aime pas tellement voyager. Il miaule comme une Castafiore trahie dès l'instant qu'on l'enferme dans sa cage. Tout le monde a les yeux tournés vers moi et mon chat miaulard, ils se disent que le trajet va être long. Les enfants prennent les choses en main et viennent parlementer avec la bête prisonnière, curieux diplomates négociant en vain la paix du wagon.

J'ai *Charlie* sous le bras, la couverture de Riss avec l'avion qui se crashe en mer, sur fond de ciel apocalyptique. Pas évident de lire *Charlie* en public ; cette couverture s'attire déjà les foudres de tout ce que les réseaux sociaux comptent d'indignés virtuels, dont les médias se font complaisamment l'écho. Les mails pleuvent, agressifs. Beaucoup d'hôtesses de l'air et d'employés de compagnies aériennes furieux, et des gens qui se présentent invariablement comme des lecteurs réguliers de *Charlie* sachant rire de tout mais là comme dirait Desproges (c'est fou le nombre de messages qui comme des perroquets citent Desproges) pas-avec-n'importe-qui, ils maudissent la rédaction sur plusieurs générations en disant que nous n'oserions jamais faire la même chose sur (au choix) les juifs, les musulmans, les francs-maçons, nos propres morts.

Je ne sais pas si j'ai le cœur particulièrement corrompu. Je vois de la grâce dans le dessin de Riss. Une énergie vitale, une tape dans le dos des spectateurs happés par la fascination morbide, hypnotisés par les images qui tournent en boucle sur toutes les télés, dont personne ne relève l'obscénité.

Je ne sais toujours pas exactement comment Louise est morte.

Je sais que mon grand-père l'a retrouvée dans sa voiture, garée devant la maison. Médicaments sur les sièges. Bouteille de gaz dans le coffre. Il n'y a pas d'image de la scène, il n'y en aura jamais. Si je savais dessiner, je ferais cette image manquante. Et cette autre que les voisins ont décrite, mon grand-père hébété, découvrant le corps. Et j'espèrerais en sortir d'un pas de côté, d'un oiseau sur une branche, d'un chat ronronnant paisiblement sur le capot de la voiture. Peut-être faudrait-il plus que cela. Un bon vieux gag. Chute, glissade, peau de banane.

Il n'y a rien de plus drôle que le malheur, dit du fond de sa poubelle un personnage de Beckett qui sait de quoi il parle. Une profession de foi que j'aimerais voir se vérifier, tout de suite.

Quand j'arrive enfin dans l'île, après une enfilade de ronds-points qui ont achevé de rendre le chat malade et furieux, la famille est réunie. Tout le monde a l'air sonné. Le grand-père est différent. J'espérais qu'il nous raconte tout, qu'il essaie d'expliquer, qu'il nous inonde de mots, même incohérents, même impuissants. Mais il n'est pas comme j'attendais de le trouver. Il est ailleurs. Il s'est sauvé, et nous laisse seuls ici, les enfants ployant déjà, sentant s'appesantir sur nos épaules d'heure en heure, au contact de cette maison que nous n'avions jamais connue sans Louise et qui est désormais criminelle, le fardeau de la culpabilité.

Nous parlons des modalités de l'enterrement qui aura lieu le lendemain. Il n'y aura pas de prêtre ; peut-être à cause de la désertification des campagnes, peut-être parce qu'elle s'est suicidée et que les cathos n'aiment pas ça ; peut-être tout simplement parce qu'en une vie entière elle n'avait jamais mis les pieds à la messe ; l'église du village ne peut proposer qu'une cérémonie laïque, dirigée par une femme.

Mon grand-père a l'air embêté. Il finit par dire qu'il ne pourra de toutes manières pas y assister. Qu'il a kiné à la même heure.

Je ne trouve plus le nom de ce personnage de *Fin de partie* de Beckett. On a Clov le fils, Hamm le père et les deux vieux qui meurent dans les poubelles en disant qu'il n'y a rien de plus drôle que le malheur.

5

Comme un ascenseur qui s'arrête, le moment du déchirement semble très évident, très clair dans la mémoire. L'annulation totale d'une journée qui avait pourtant commencé autrement et dont le souvenir restera à jamais inaccessible, une journée comme d'autres, qu'on croyait pouvoir être honorable, passer plus ou moins vite, dont on ne comptait pas particulièrement retenir la date ; et qui redémarre brutalement. D'un coup de fil, d'un grand coup de poing dans la gueule.

Pourtant à ce moment précis où j'ai appris la nouvelle, sur le quai d'embarquement, la mort était déjà passée comme un ange. Sans un bruit, au milieu de la nuit, Louise s'était supprimée. Et c'était avant que je me lève, que nous décidions au petit déjeuner, vu le temps, d'aller faire cette petite balade sur le Bosphore, que je continue monstrueusement à dérouler ma vie dans laquelle, même quand je n'y pensais pas, je la comptais là quelque part parmi les meubles de la maison d'Oléron, sans savoir qu'il était déjà trop tard, que j'avançais le boulet aux pieds.

Je dormais tranquillement la nuit où ma grand-mère s'est suicidée.

On ne saura jamais vraiment comment. Elle a regardé Koh-Lanta, semble-t-il. « Elle m'a dit d'aller me coucher sans elle, qu'elle allait regarder Koh-Lanta », dit le grand-père. Lui c'est sûr qu'il s'en fout de Koh-Lanta, il est allé se coucher comme tous les soirs de sa vie et comme plus jamais après.

Elle est morte quelques heures après la fin de l'émission, vers 4 ou 5 heures du matin. Il y a donc une chance pour que ma grand-mère psychotique se soit supprimée à 4 h 48 comme dans la pièce de Sarah Kane. Et elle nous a laissé en guise d'épitaphe, pour sa postérité, Koh-Lanta.

Qu'est-ce qu'on peut faire d'une mort comme ça, de dernières paroles comme celles-là, « je vais regarder Koh-Lanta », c'est grotesque, tellement vide de sens.

Ma grand-mère n'était pas Sarah Kane c'est entendu, c'était une femme âgée, désœuvrée, sans diplômes, et elle regardait TF1, c'est comme ça. Il fallait peut-être ces dernières paroles pour endosser finalement cette part d'héritage.

J'ai regardé Koh-Lanta, un soir, seule, en jogging emmitouflée dans un duvet, sur le canapé en cuir bleu, comme on se résout après avoir longtemps tourné autour à entrer dans une confidence qui peut tout révéler, ou tout détruire. Comme si j'allais y découvrir l'image manquante, celle de sa mort.

Mais ce n'est pas ça. Rien qu'une dizaine de bras cassés exilés sur une île et qui meurent de faim. En désespoir de cause, les plus faibles délèguent deux gaillards de la tribu, les deux plus vaillants, pour aller chercher à manger plus loin dans les terres. Ils s'en vont et la caméra les suit. Ils marchent, marchent, marchent et on s'ennuie tellement à les suivre en écoutant leur conversation pathétique qu'ils font du canot et de l'accrobranches pour essayer de garder le spectateur éveillé, et puis au détour d'un chemin, miracle : deux noix de coco et quatorze bananes. Comme ça, au pied d'un arbre qui n'est même pas un bananier.

Les deux compères mangent toutes les bananes. Toutes sans exception, après délibération, parce que d'après eux, il valait mieux dire qu'ils n'avaient trouvé que deux noix de coco toutes seules, plutôt que deux noix de coco et deux ou trois bananes qui auraient été louches.

Ils ont ramené les deux noix de coco au camp et ont été acclamés comme des héros. Les « survivants » se sont partagé les deux noix de coco, et c'étaient les meilleures noix de coco qu'ils aient jamais mangées de leur vie.

Mais vient le soir et c'est la réunion de toute la bande face aux caméras pour faire le bilan de cette semaine difficile. Ils racontent au présentateur de l'émission la faim, la fatigue, le découragement, mais aussi les lueurs d'espoir, les deux noix de coco.

Sauf que le présentateur a bien soigné son coup de théâtre. Il balance les images, et le temps que les coupables comprennent qu'ils sont trahis le piège se referme sur eux.

Comment ça il y avait des bananes ?

Les traîtres bafouillent, s'embrouillent dans leurs explications, les bananes étaient trop mûres, elles n'auraient pas supporté le voyage ; au début il est question de douze bananes seulement, mais le présentateur ne laisse rien passer, il rectifie, c'étaient bien quatorze bananes et le groupe atterré répète comme l'orange du marchand, *quatorze* bananes, quatorze *bananes,* c'est pas possible, *quatorze* bananes c'est énorme, tout ce qu'on aurait pu faire avec quatorze *bananes* tu te rends compte, non mais *quatorze bananes.*

Finalement, le groupe décide d'éliminer punitivement l'un des deux coupables, puisqu'on ne peut pas éliminer les deux. Le Noir. Tant qu'à faire.

L'émission est finie et il ne reste que quelques heures à vivre à ma grand-mère. Je suis infiniment perplexe.

Je me demande si cette scène aurait pu lui faire perdre toute foi en l'humanité, mais il me semble qu'elle était, heureusement pour elle, trop peu lucide pour ça.

Quand je raconte les quatorze bananes à Charb il se tord de rire. On se dit que c'est dommage qu'on ait déjà un journal et une maison d'édition parce que ça aurait été un super titre, The Quatorze Bananes Project, on se le note pour plus tard, pour autre chose, quand *Charlie* aura du fric, un cinéma, une boîte de prod, un poney-club... on verra bien.

6

Les policiers trouvent notre assemblée silencieuse, consternée. L'un des enfants s'est énervé un bon coup pour dire qu'il était hors de question que le grand-père fasse passer le kiné avant l'enterrement, tout le monde s'est précipité pour éteindre la crise de famille, on a appelé le kiné pour décaler le rendez-vous, ce qu'au grand étonnement du grand-père il a accepté sans protester et sans dire qu'il facturerait les deux séances ; il a même présenté ses condoléances et mon grand-père dit Ah c'est gentil ; tout est arrangé et le calme est revenu. Les policiers ramènent les bijoux qu'elle portait. Bagues, bracelets, colliers. Pas mal pour une femme qui passait la journée devant la télé.

Ils sont embarrassés, ne savent pas quoi dire de réconfortant et ne veulent pas rester prendre un thé. Je les raccompagne à leur voiture. Vous savez, me dit l'un, c'est si courant.

J'ouvre de grands yeux. Il est courant dans les campagnes françaises qu'une femme de soixante-dix ans se supprime au lieu d'attendre patiemment une mort qui ne dévasterait pas sa mémoire et sa famille ? Les deux approuvent en levant les yeux au ciel. Je crois que je n'avais jamais entendu parler de cela. Les policiers froncent les sourcils et j'en vois un dont le regard glisse vers le puits du jardin, celui dans lequel la tante Andrée s'est jetée, c'est vrai, mais il y a si longtemps. Se présente alors à ma conscience l'aïeule Zelda, pendue dans la grange. Et l'oncle Mimi qui a avalé la mort-aux-rats, près de la cage aux pigeons.

On se salue devant la voiture blanc-bleu, garée un peu de travers, pas tout à fait là où était la voiture de ma grand-mère, quand le grand-père sort de la maison et nous rejoint clopin-clopant. Il demande où est la bouteille de gaz. Il faut qu'il la récupère, elle est consignée.

Les flics me regardent interdits, j'ai un mouvement d'impatience et je rembarre le grand-père ; ils se précipitent dans leur voiture et disparaissent. J'ai envie de rire franchement.

Je me rappelle les dîners d'enfance en famille, quand la grand-mère se lançait dans des diatribes amères contre la vie, disait que personne ne l'aimait et qu'elle ferait mieux de mourir. Je revois mon père faire grossièrement diversion pour nous, les petits, en nous lançant des boulettes de mie de pain – transgression tellement énorme aux codes de bonne conduite sur lesquels mes parents étaient si stricts que nous nous transformions en une troupe de lurons hilares qui emportaient l'ambiance délétère. Ces dîners sordides, dont ma mère sortait nerveusement épuisée, pleurant souvent au volant dès la sortie de la cour de la maison, restent dans mes souvenirs d'enfant irréductiblement, hystériquement joyeux.

En quittant la maison des grands-parents ce jour de veille d'enterrement, je raconte à ma mère la bouteille consignée. Elle a l'air effrayé. Elle a sans doute raison de l'être. Mais je trouve la scène, dans sa folie, presque réconfortante. Ma mère n'entend pas, murée dans sa douleur.

C'est la fin de la journée, je profite d'un moment de calme dans le jardin avant la nuit. Je m'applique à remplir la mangeoire des oiseaux, puis nous faisons le tour de la maison avec le chat qui s'arrête à chaque mimosa, méthodiquement, et s'assure que rien n'a été déplacé depuis notre dernier séjour ici.

Charb appelle pour prendre des nouvelles. Je lui raconte la maison inchangée, les flics, le kiné, la bouteille consignée, les dîners d'enfance. Il se demande s'il sera un jour nostalgique de ses propres repas du dimanche, quand ses parents quittaient la table furieux parce que le grand-père facho avait encore dit une horreur, et que lui et son frère en rajoutaient, pour foutre la merde, en criant Heil Hitler ! au milieu du repas et de la famille atterrée. Il me raconte ça et il se marre, il dit En fait si, t'as raison, c'était quand même sympa.

Je vais me coucher dans la chambre gelée. Le vent vient de l'océan et nous amène le fracas des vagues. Cette houle qui hantait ma mère enfant, quand elle n'osait pas s'endormir de peur que les dunes ne suffisent pas à protéger la maison de la marée montante. Qu'un jour, elle nous engloutisse. Je repense à cette nuit d'apocalypse de 1999, quand sentant la tempête venir nous nous étions enfermés à double tour derrière les volets en bois. Les pins tombaient les uns après les autres sur le toit et il s'était mis à pleuvoir dans la salle de bains. Le grand-père avait voulu venir nous chercher mais il n'avait pu arriver jusqu'à notre maison, la route dans la forêt était déjà coupée par les arbres abattus, il avait fait demi-tour mais la route du retour était coupée aussi, il s'était réfugié chez des riverains. Et nous avions traversé la nuit mes frères ma mère et moi, moi la fille aînée, responsable comme ma mère de ne pas inquiéter les petits. On avait fait des crêpes sans électricité, au réchaud, dans la maison craquante. Et quelques photos à l'appareil jetable, aujourd'hui encadrées dans une des chambres, bouleversantes. À la lumière de la flamme, comme un révélateur, l'angoisse hurlante dans le sourire qui se veut rassurant de ma mère.

Le chat, qui sent que quelque chose ne tourne pas rond, ne me lâche pas d'une semelle et vient se rouler sur le lit. Je voudrais être partout ailleurs.

Près de la vieille chaîne hi-fi, des disques. Noir Désir. C'est ici, via cette radio une journée d'été, que j'ai appris que Marie Trintignant était tombée sous les coups de l'idole de mon adolescence ; la voix chaude et tremblante de Cantat reste pour moi associée à cet abyssal sentiment d'abandon moral, cette solitude de l'humain qui sait que Dieu n'existe plus. Je mets un disque et je m'installe en tailleur en essayant de me détendre, de respirer calmement, d'entrer dans ce moment si étrange, si absurde. J'ai mal aux pieds. Une crispation dans le tendon, presque une crampe ; une pointe dans le talon ; sensation que les ongles des doigts de pieds poussent dans la chair. Demain on l'enterre. Ces endroits que j'ai toujours connus avec elle ne seront plus jamais les mêmes. Nous ne serons plus jamais les mêmes. L'a-t-elle fait pour nous faire changer ? Changer quoi, changer comment. Ou n'attendait-elle, décidément, plus rien de nous...

Me revient en mémoire cette histoire racontée par un ancien amant. Ses parents l'avaient envoyé de force dans l'école militaire d'une petite ville du fin fond de la Turquie. Il avait tout essayé pour les convaincre que c'était pour lui pire que la mort, mais devant leur entêtement, voyant qu'ils ne le prenaient pas au sérieux, il avait imaginé leur faire croire qu'il avait essayé de se pendre à son arrivée à l'école. Son meilleur ami avait témoigné de ce mensonge. Et les parents, terrassés de culpabilité, lui avaient permis de réaliser son rêve et de s'installer à Istanbul pour étudier la littérature et le graphisme. Il racontait cette histoire comme une bonne blague, en riant de son stratagème, depuis le balcon victorieux de son appartement avec vue sur Istanbul la sublime. Il savourait sa trahison sans remords, se repaissant de la vue comme un amoureux oubliant au placard le cadavre des adversaires vaincus. Il n'avait jamais avoué la vérité à ses parents.

Je repense à son visage gourmand et épanoui. J'aimerais qu'il puisse apparaître dans cette chambre de l'île d'Oléron ce soir, dans cette maison isolée d'un village duquel il aurait sans doute voulu partir à tout prix également, pour lequel il aurait tué père et mère et lui-même, s'il avait fallu. Je revois son sourire sans culpabilité.

J'aimerais pouvoir croire que ma grand-mère nous a menti. Que ce n'est pas par désespoir qu'elle s'est tuée. Que devant notre surdité, elle a simplement trouvé ce moyen de larguer les amarres. Peut-être est-elle elle aussi partie refaire sa vie à Istanbul, puisque c'est là-bas qu'il vaut la peine de vivre et qu'ici on a tellement peu d'envies, de perspectives, de rêves, qu'on ne fait même pas semblant de se pendre.

Je la comprendrais si c'était ça. Moi aussi j'ai envie d'Istanbul. Sa grandeur mélancolique me réconforterait. Avant de m'endormir j'envoie quelques mots maladroits à l'amant turc, comme un fil d'Ariane hasardeusement ressaisi.

7

J'ai fait un rêve.

Je fais beaucoup de rêves, mon inconscient travaille fort à me trouver des sujets de conversation matinale avec le psy.

Ma grand-mère entrait dans une librairie et on lui demandait de payer pour aller voir les livres au fond. Je payais pour elle, cher, mais on ne me laissait pas entrer, elle seulement, on me faisait attendre et attendre, à la fin j'en avais marre, j'entrais quand même dans la pièce du fond mais il n'y avait plus personne. Juste des livres disposés sur des sofas. Tous les mêmes couvertures blanches. Marguerite Duras en mille, dix mille exemplaires.

J'entends le grattement du crayon du psy.

J'adore Marguerite Duras. Née en Indochine comme ma grand-mère. Il y a la modestie du milieu, la colère, l'injustice. Le barrage désespéré. Les crabes qui rongent. Les digues qui sautent et l'eau qui détruit tout.

C'est à lui là. Il prend son temps. Il y a, irritante, de l'animosité dans l'air. Ça l'agace que je cite des auteurs, mes rêves le lassent, tout chez moi, on dirait, l'ennuie.

Marguerite Duras... Vous avez lu *L'Amant,* bien sûr, dit-il. Pensez-vous que votre grand-mère a eu ce... type de relations ? Avec des étrangers ?

Je m'enfonce dans le divan. J'essaie de calculer mentalement combien d'argent j'ai mis et depuis combien de temps je viens m'allonger chez le psychiatre pour parler de ma grand-mère suicidée pendant que j'attendais le bateau à Istanbul. Je fais le calcul calmement, je soustrais les vacances, les matins malades, la période où je venais trois fois par semaine au lieu de deux. Pendant ce temps il ne dit plus rien. Il va continuer à se taire jusqu'à la fin de la séance s'il le faut, il me laissera calculer dans mon coin en silence pendant la demi-heure qui reste, il préférera ça plutôt que me poser une question sur ma grand-mère ; lui ce qui l'intéresse ce matin, comme tous les matins du monde, c'est mon rapport aux hommes. L'amant turc en particulier, il ne l'aime pas. Mais les autres non plus, ceux qui m'ont recueillie depuis le suicide, ces hommes que j'ai croisés ces derniers mois pendant les soirées d'insomnies, ceux des bars, ceux des clubs, ceux simplement croisés dans la rue, ça l'obsède. C'est vrai qu'il y en a eu beaucoup. Beaucoup plus qu'avant, beaucoup plus que la moyenne des femmes, j'imagine. Mais il faut dire aussi que je dors moins que la moyenne, alors. On ne va pas épiloguer mille ans là-dessus.

Je n'ai pas de problème avec les hommes vous savez, je dis. Ni les étrangers ni les autres. Ils m'émeuvent, je les aime. Tiens, c'est Duras justement qui disait qu'il fallait beaucoup aimer les hommes ; c'est ce que je fais. (Je sais que ça ne sert à rien de faire la première de la classe avec lui, il ne note plus rien.) Duras ou Wolinski, si vous préférez.

Ça existe encore, ça ? demande le psy exaspéré. Petite provocation que j'ignore. Le psy n'aime pas Wolinski non plus, bien sûr.

Il y a un dessin de Wolin merveilleux, des années 1970, on voit une fille ligotée à un arbre. Un homme passe, la mate, l'embrasse. Elle demande « Vous êtes un salaud, hein ? » Il répond oui et s'apprête à passer son chemin. Alors elle déracine l'arbre et le suit tout sourire en disant « Je viens avec vous. Je crois que je vous aime ». C'est moi ça. Je n'en souffre pas particulièrement, je n'ai pas de manque, je ne veux pas fonder de famille simplement parce que quand on a un arbre généalogique comme le mien où l'on se suicide les uns les autres, c'est bien simple, on n'a pas vraiment envie de transmettre. Mais je ne viens pas m'allonger ici un jour sur deux pour parler de cela, ni des hommes ni des étrangers.

Je vais vous dire. Je me sens libre, très libre. Je pense que je suis beaucoup plus libre que tellement de gens.

Il soupire, ou plutôt il souffle, il siffle presque, il y a de la jubilation dans sa respiration parce que je me suis trop avancée, qu'est-ce qui me prend de faire des grandes phrases comme ça sur la vie, l'amour, la liberté...

Ha ha, fait-il. On n'en est pas là.

8

— Comment va ton psy ?

— Il t'embrasse.

Blague de bureau. Comme tous les mardis, j'arrive au journal en sortant de chez le psy, vidée et en colère, et comme tous les mardis Charb dessine des Maurice et Patapon avant d'aller passer l'après-midi à Pontoise chez ses parents. Parfois Pelloux en sortant de garde apporte des croissants, il nous raconte ses histoires de la nuit. Les meilleurs matins c'est quand notre fou préféré est passé aux urgences, lui qui cherche son sykat' et qu'on a adopté comme mascotte. On en entend tellement parler que j'ai du mal à croire qu'il existe vraiment ce fou, un type qui se pointe à Saint-Antoine avec des cadeaux plein les poches pour les soignants et qui appelle tout le monde Sykat', sykat'. Patrick l'imite, debout, c'est un *one man show*, et on ne peut plus en caser une tellement on rit.

Le mardi, jour de congé pour les journalistes avant la conférence de rédaction, il n'y a quasiment personne au bureau. Angélique plie la tournée presse, je m'installe avec eux. Patrick me demande comment va ma psychanalyse et je leur raconte les derniers épisodes d'une thérapie qui va de plus en plus nulle part.

Charb, à son petit bureau, trouve tout cela extrêmement distrayant, les fous et les sykat' également spirituels. « On n'en est pas là » lui plaît beaucoup beaucoup. Il se marre tout seul sur sa feuille en traitant dans sa barbe le psychiatre de voleur et d'escroc.

Quand est-ce que tu vas écrire un livre au lieu de faire ta bourgeoise en analyse.

Un mardi matin, il raconte qu'il a dîné la veille chez une psy très sympa, dans son appartement qui est aussi son cabinet. Elle s'est allongée sur le divan et il a joué au Dr Freud, je peux l'imaginer avec ses lunettes au bout du nez et marmonnant Mouiiiii, dites-m'en plus... Elle lui a raconté un truc, je ne sais plus quoi, et il a rebondi en disant je ne sais plus quoi non plus. Je me souviens qu'il était tout fier parce qu'elle s'était retournée épatée, en lui disant qu'il était génial et qu'il aurait dû être psy.

C'était Elsa Cayat.

Aucun des deux n'est plus là pour compléter mes trous de mémoire.

9

En partie pour faire plaisir au psy, en partie pour donner à ma mère une raison de ne pas désespérer de moi, et pour avoir le luxe de prendre le petit déjeuner le matin avec un homme à la lèvre délicatement entaillée de s'être trop mordue, j'emménage avec Vincent. Nous louons un petit appartement dans le 20ᵉ avec vue sur tout Paris, au-dessus du parc de Belleville.

Le jour de l'emménagement, mes parents s'invitent à dîner – nous sommes encore dans les cartons et, pire, incapables de monter les chaises Ikea. On a beau savoir que la probabilité qu'une notice Ikea soit fautive est très faible, on essaie des assemblages qui nous paraissent plus logiques, en vain.

On subit l'humiliation de voir mon père, mon héros, résoudre le rébus de la notice en soupirant. Pourtant Vincent ne fait pas partie de mes amis « philosophes », comme les appellent mes parents, ces étudiants attardés avec qui j'avais failli mettre le feu à la maison d'Oléron en oubliant d'ouvrir la trappe de la cheminée. Vincent a pour lui, en plus d'avoir les yeux bleus, d'être *docteur en droit*: presque médecin, presque avocat, le gendre idéal. Je n'ose pas gâcher le bonheur de ma mère réjouie en lui avouant que je ne suis pas bien sûre qu'il aime tellement les femmes. Mais j'annonce fièrement qu'il est fils de suicidé, sans rencontrer l'enthousiasme escompté.

10

Ma grand-mère a-t-elle succombé sous le coup des choses inouïes et innombrables qu'annonçait Rimbaud ? Elle est arrivée à l'inconnu, ceci est certain. Est-ce l'affolement qui lui a fait perdre l'intelligence de ses visions ?

Qu'a-t-elle entraperçu qui ne puisse nous être partagé ? Pas un mot, pas une lettre. Rien que la bouteille de gaz et les boîtes de médicaments, hallucinogènes s'il en est, psychotropes puissants qu'elle aura méticuleusement testés, ingurgités des années durant jusqu'à se dérégler tous les sens. Et comme si cela ne suffisait pas, les électrochocs.

Ça arrive parfois, avec les électrochocs, nous dit le psychiatre qui la suivait. Des années d'échecs et d'empêchements, un sentiment d'impuissance totale, et soudainement grâce au traitement, le malade recouvre des capacités débridées. Elle a fait pour la centième et la première fois le trajet jusqu'à la mort, mais cette fois elle ne s'est pas loupée. C'est aussi simple que ça.

Évidemment, dans son milieu, modeste, avec son éducation et une longue vie d'ennui et de frustration, elle n'aurait sans doute pas écrit. Mais elle savait dessiner. Elle tenait à me le faire croire, du moins, puisque j'aimais les dessinateurs.

Elle avait proposé de me faire un trousseau, commençant par les assiettes à dessert. Elle s'était inscrite à un cours de peinture sur porcelaine, j'avais juste à choisir le motif et elle le déclinerait. Elle avait sorti un catalogue de modèles, surtout des fleurs – au fond elle n'aimait que les fleurs, et à peu près toujours les mêmes, elle en avait déjà fait des dizaines, sur des vases, des assiettes rondes, carrées, oblongues, des tasses à café, des jattes, des vide-poches, des verres et des verrines, partout des petites fleurs rouges, une armée de fleurs de cimetière délicatement dessinées. Elle tournait les pages des catalogues en s'arrêtant pensivement sur les fleurs, mais me laissait évidemment libre du choix. Après tout, c'était moi qui allais garder ces assiettes toute ma vie.

Pas les fleurs. Des personnages plutôt. Exotiques, si tu veux bien. Des Noirs, des Chinois, des Grands Mamamouchis, tout ce que tu veux. Et des plantes vertes, des bambous, des palmiers.

Elle avait acquiescé professionnellement, corné la page des rizières de son enfance dans le gros catalogue.

À ma visite suivante je recevais un lot d'assiettes décorées de spectaculaires palmiers et bambouseraies.

Avec des points rouges de-ci de-là qu'on pourrait prendre pour des fleurs mais ma vue n'étant pas assez bonne pour en être sûre, je choisis de lui laisser le bénéfice du doute. J'étais par ailleurs assez épatée de la précision du tracé, la grâce et la délicatesse des couleurs. En revanche, pas l'ombre d'un être animé. Je ne pouvais pas laisser passer un manquement si flagrant à la commande sans poser au moins la question. Si je devais recevoir le service au complet décliné sur ce modèle, je voulais vraiment des travailleurs de rizière.

On imagine difficilement pire comédienne que ma grand-mère. Sa performance dans le rôle de l'artiste distraite n'aurait pas trompé le plus crédule des enfants, même dans une chanson de Bruel. J'insistais pour mes personnages comme on lève un lièvre.

À ma visite suivante, les assiettes étaient là. Les personnages aussi, et leurs chapeaux pointus.

Il ne faisait aucun doute, même de loin, même sans lunettes, que ce n'était pas la même personne qui avait peint les bambous, soudain outrageusement pédants, et ces petits bonshommes tremblants, informes mais infiniment bouleversants dans leur imperfection, de leur secret inavoué, leur genèse honteuse. Je serrais ma grand-mère dans mes bras alors qu'elle me pressait de ranger les assiettes dans la voiture, car la professeure du cours de peinture pouvait passer à tout moment, et qu'elle ne pouvait pas m'expliquer maintenant pourquoi mais elle avait dû un peu prendre des libertés avec les règles en vigueur au cours de peinture pour faire les assiettes, rien de grave, mais elle s'était disons servi du four à porcelaine sans en avoir vraiment parlé à la professeure. Il valait mieux que je parte et que cela reste entre nous. De toutes manières je n'avais pas vraiment envie d'avoir tout le service, pas vrai ?

Quelque temps après, sans doute lassée des fleurs réglementaires, ma grand-mère abandonnait la peinture sur porcelaine pour se consacrer à Koh-Lanta.

11

J'ai rêvé de l'amant turc l'autre jour, j'ai rêvé qu'on faisait l'amour et j'ai repensé à vous et à Marguerite Duras.

L'amant s'endormait, et comme moi je ne dormais pas dans le rêve je le regardais, longtemps, je dessinais mentalement le contour de son corps immobile comme la ligne blanche autour des cadavres, vous voyez ? Je posais mes mains, mes jambes sur son corps, je faisais des ombres chinoises – c'est bien pour vous ça, non ?

J'ai repensé à vos sous-entendus, à *L'Amant*, à Fanon aussi (je ne peux pas le voir mais je suis sûre que dans mon dos il grimace). Fanon dit qu'une femme blanche qui couche avec un Noir déchoit. Mais qu'il y a chez elle un don plus grand, parce qu'elle renonce à une part de son privilège de Blanche. Peut-être que c'est ça que vous vouliez me dire l'autre jour, à propos de *L'Amant* et mon amant turc ?

Le psy ne dit plus rien.

Après le rêve j'ai eu envie de le voir, je lui ai écrit, je lui ai demandé s'il ne voudrait pas venir juste quelques jours, juste un week-end, me rejoindre à Marseille, j'adore Marseille et c'est pas cher du tout de faire Istanbul-Marseille. Il n'était pas contre, sauf pour le visa qui est compliqué, m'a-t-il dit comme pour s'excuser et j'ai senti qu'il n'avait pas envie de montrer que ça lui semblait inaccessible. J'ai voulu nous prouver à lui et à moi, et à vous, que ça ne l'était pas. Obtenir ce papier tellement vite qu'il n'aurait pas le temps de se sentir humilié d'avoir à demander mille autorisations pour pouvoir entrer dans Schengen.

J'ai regardé la liste des pièces exigées. À rallonge. Je me suis demandé si ce serait plus difficile maintenant que c'est la guerre en Syrie, qu'on dit partout qu'il y a de plus en plus de réfugiés qui cherchent à venir, et les djihadistes sur le chemin du retour, et l'amant au milieu de tout ça.

En haut de la liste on demande une « attestation d'accueil ». Un papier de la mairie confirmant que l'amant va venir chez moi pour lequel je dois me fendre de mes papiers d'identité, un justificatif de domicile, un bail, des feuilles de paie, trente euros et d'un rendez-vous à la mairie dans les horaires d'ouverture de la mairie en comptant le temps d'attente de la mairie. J'ai fait ça. Comme c'est bientôt Noël, le hall était occupé par une crèche géante. J'ai pensé faire une photo pour

Charlie, ç'aurait été une brève dans la rubrique « laïcité » – mais je me suis dit qu'il valait mieux cette fois ne pas me faire remarquer. À côté de la crèche donc, un bureau où j'ai demandé où l'on devait s'adresser pour faire une « attestation d'accueil ».

D'accueil de quoi, m'a-t-on demandé.

Et ce qui devait immanquablement arriver arriva, l'un des papiers ne convenait pas et ils n'ont pas voulu me donner la précieuse attestation. Problème de bail qui n'est pas l'original – je l'ai perdu ou je ne l'ai jamais eu, mais j'en ai une copie, ainsi que des montagnes de quittances de loyer, de taxes d'habitation, des cartes d'électrice, de contrats d'entretien de la chaudière. J'habite là, quoi. Mais la mairie de mon arrondissement, bien que ça ne la perturbe pas que je paie des impôts et que je vote ici, n'en est pas bien sûre. En tout cas pas assez pour me signer mon papier à trente euros.

Je suis ressortie bredouille.

J'ai repensé à Fanon et à vos sous-entendus. C'est bien moi qui déchois dans cette histoire, n'est-ce pas. Vis-à-vis de vous qui me jugez en permanence. Et vis-à-vis de ma propre administration qui n'a de service public plus que le nom pour se permettre de me refuser une chose aussi simple, aussi fondamentalement privée, que d'inviter mon amant à venir me consoler.

12

Je suis en colère, j'en veux au monde entier, à l'État français, à l'Europe, au psy et à moi...

— Mais bosse, bordel ! Au lieu de rester là à rien faire. Laisse tomber l'amant, fais un livre, je fais les dessins.

Je bougonne un peu mais je saisis la perche. J'ai une idée. Je pose mon après-midi pour aller m'installer sur un coin de table de la bibliothèque de Beaubourg, avec les étudiants et les thésards, et je prends tout le rayon consacré au suicide. Je bouquine, au début sans but, puis je commence quelques notes.

Je tombe par hasard sur une citation de Voltaire qui m'enchante mais j'ai peur que comme cette autre tellement remâchée – « Je ne suis pas d'accord avec ce que vous dites mais je me battrai jusqu'à la mort pour que vous puissiez le dire » – elle soit apocryphe. C'est à propos de Creech, un traducteur de Lucrèce qui, convaincu par les thèses de l'ouvrage qu'il traduisait, s'est suicidé. Si elle est bien de Voltaire, c'est une sacrée épitaphe : « S'il avait entrepris un commentaire d'Ovide, il aurait vécu plus longtemps ». J'empile sur ma table d'étude la vingtaine de volumes des œuvres complètes de Voltaire, dans lesquels je me perds pendant des heures à la recherche de cette improbable saillie.

Je préviens *Charlie* de ne pas trop compter sur moi les prochains temps.

Au moment de la fermeture de la bibliothèque, dans l'escalator où je suis plongée dans mes pensées, un garçon m'aborde. Me dit qu'il était assis en face de moi, je ne l'avais pas remarqué, absorbée que j'étais par mes pendus. Me demande sur quel sujet je travaille. Je ne sais pas bien quoi répondre qui ne mettrait pas cette tentative d'approche sur de bien mauvais rails.

Retour dès le lendemain à bouquiner et recopier des pages et des pages de livres, puisés par capillarité dans les rayons de la bibliothèque. Des livres d'auteurs qui ont écrit sur le suicide, d'auteurs qui se sont suicidés, avec des personnages qui se suicident ou qui en parlent.

Pascal Quignard, comme pour m'encourager, publie un livre sur le sujet, *La Barque silencieuse,* qui déclare d'entrée de jeu que « tout homme qui ose commenter la mort qu'un autre homme vient de se donner est un misérable ». Je promène ce livre comme la Bible, en transgressant allègrement le premier commandement. J'en parle avec ferveur à Philippe Val, qui ruine mon enthousiasme en me demandant si j'ai lu l'article de Lançon dans *Libération*, dans lequel il dézingue mon nouvel auteur fétiche d'une phrase assassine : « Quignard est une précieuse que personne n'a l'air de trouver ridicule ». Bernard Maris, que je prends à témoin de l'injustice faite à Quignard, s'écroule de rire, Ha Lançon il n'est jamais aussi bon que quand il est baveux.

Je me réfugie à la bibliothèque. Mallarmé me réjouit, qui dévisse la grandiloquence du geste,

Ces héros excédés de malaises badins
Vont ridiculement se pendre au réverbère.

La mansuétude de Pascal me fragilise,

Tous les hommes cherchent le bonheur
Même ceux qui vont se pendre.

On dirait du Sarah Kane.

Je me lance dans une entreprise de typologie à multiple entrées : par méthode, par âge, avec ou sans lettre d'adieu ; des réserves de citations alimentent une galerie de portraits qui ressemble à un train fantôme de l'histoire de la littérature. Les vagues de suicides par imitation après *Werther*, après Mishima, sont la plus troublante des réponses à la question de Sartre, Que peut la littérature ?

Un ami libraire me trouve l'un des rares livres, sinon le seul, encore aujourd'hui sous le coup de la censure en France : *Suicide, mode d'emploi.*

J'achète hors de prix sur eBay un numéro de 1922 de *La Révolution surréaliste*, qui fit scandale en demandant ingénument à ses lecteurs : « Le suicide est-il une solution ? » Les lettres publiées dans le numéro ressemblent à s'y méprendre aux florilèges de courriers indignés, d'insultes et de malédictions, que nous recevons régulièrement à *Charlie.*

Charb suit mes recherches frénétiques comme un baby-sitter surveille du coin de l'œil le môme dont il a la charge pour éviter qu'il mette les doigts dans la prise. J'envisage de concevoir un dictionnaire illustré des suicidés célèbres qu'on intitulerait *Suicidez-vous ! Les recettes des grands chefs.*

Pour mon anniversaire, enveloppés dans de vieux *Charlie*, il m'offre, délicatement encadrés, deux portraits de Maurice et Patapon, ses personnages fétiches. Maurice est pendu. Patapon se tire une balle dans la tête. On se marre comme des canards.

13

La première fois que je l'ai rencontré, sur le chemin d'une soirée sur la rive européenne d'Istanbul où je ne suis jamais arrivée, il m'a tout de suite proposé de venir poser mes valises chez lui. J'ai hésité.

J'avais déjà accepté une cigarette, refusé un café. J'avais dit Je ne veux pas te déranger, il m'avait répondu *I kind of like you, actually.* On était juste en bas de chez lui mais je ne le savais pas. Il m'a proposé d'aller boire un verre « dans un endroit avec vue ». J'ai cru à un de ces fameux bars cachés sur les toits stambouliotes, j'ai trouvé la proposition honnête. Il a fait sortir les chats, compté la caisse, fermé le café, et nous sommes descendus côte à côte, déjà proches, dans la rue pavée. À peine quelques mètres plus bas il me faisait entrer dans une cage d'escalier. Privée à l'évidence. Je me suis sentie flouée, vaguement agacée, le temps qu'il ouvre la porte sur l'appartement, et le balcon.

Un minuscule promontoire surplombant audacieusement la rue qui dévale la pente entre deux mosquées, dessert la synagogue et le bordel du port, jusqu'au

Bosphore qui s'ouvre à la vue à 180°. Deux petites chaises et une table, un nid pour oiseau au regard d'esthète, avec près du cendrier les cigarettes méticuleusement roulées, le tabac qui s'accroche à ses lèvres, les histoires d'Istanbul et de voyages qu'il raconte ou qu'il invente dans son bel anglais inspiré par les bateaux de croisière, la rive asiatique, l'Orient compliqué, le Levant.

Ce premier soir, il n'est pas encore l'amant.

Il me baratine une légende sur son arrivée à Istanbul. L'éblouissement d'un enfant du fin fond de la Turquie quand il découvre la ville, lors d'une visite à un cousin. La promesse d'un gosse de la campagne à l'adulte qu'il sera de revenir vivre ici.

Il faut imaginer l'adorable poseur qui me raconte cette histoire outrageusement romantique auquel, bien que sous le charme, je jetterais quelques pièces pour la performance d'acteur sans trop miser sur son authenticité. J'ironise, ça le fait rire. Il surenchérit avec le récit de son pseudo-suicide à l'école militaire. C'est un bon conteur qui pourrait facilement m'embarquer dans n'importe quelle histoire, celle-ci et tant d'autres après. Il s'écoute parler, il a l'air plus concentré sur le son de sa voix que sur ce qu'il raconte, surtout il a le regard perdu quelque part vers mes chevilles qu'il a l'air de trouver fascinantes. Un peu embarrassée, n'osant plus tellement bouger je pose la main sur le garde-fou et son regard remonte, il se tait, fume, sourit. Il a le regard complice d'un manipulateur avoué, sûr de lui, joueur.

Quelques mois après l'enterrement, j'ai reçu une carte postale d'Istanbul. Un personnage désarticulé, pendu. Titrée : *Smile.*

14

Le psy :
Et vous trouvez ça drôle ?

Moi :
Ha oui. J'adore. J'aime l'humour noir, je lui trouve des qualités vitales. Chacun son sacré, vous voyez. J'ai vu il y a longtemps, lors d'un festival de théâtre, au Congo, une mise en scène d'une pièce de Sarah Kane sur le suicide. Une très belle pièce, très lyrique, très dramatique. Dans cette mise en scène, il y avait un danseur qui incarnait la pulsion de mort de la jeune suicidaire. Extraordinaire. Et il riait, il riait aux éclats sur scène, au plus tragique du texte. C'est une des plus fortes expériences de théâtre de ma vie, je n'oublierai jamais sa voix, ses mains, sa beauté dangereuse.

Le psy, lassé de lui-même :
Cette pièce n'a pas dû rehausser l'idée que vous vous faites des psychiatres. Et vous avez revu cet homme, ce danseur noir ?

J'hésite à faire un esclandre. À lui casser sur la tête les tableaux de passives odalisques pendues au-dessus de moi. Peut-être ce type est-il en train de me tester. Peut-être en a-t-il assez de la vie lui aussi, et espère-t-il sa place dans la liste sans doute déjà longue des psy assassinés par leurs patients poussés à bout ?

Après longue réflexion :

Je crois que je vais arrêter l'analyse. Je n'arrive plus à vous comprendre ; ou plutôt j'ai l'impression de trop vous comprendre, et que vous vous trompez.

Vous ne devriez pas arrêter. Vous êtes en colère, vous m'en voulez, mais le travail avance. Vous vous livrez aux hommes, que vous pensiez dominer la situation ou non : c'est ainsi. Et vous venez régurgiter cette pelote ici. Je ne fais qu'essayer de la démêler avec vous, et comme vous êtes très intelligente et que vous croyez tout comprendre, ça vous agace et vous avez peur, c'est normal. Je crois quand même que je vous aide à regarder du bon côté.

Je me braque.

En tant qu'homme, peut-être en tant qu'homme blanc de votre âge, vous me voyez à travers un prisme déformant. J'aime les hommes mais je n'aime pas ce rapport de pouvoir. Je n'aime plus votre regard sur moi.

Il ne dit plus rien mais il a un geste qui a l'air de prendre à témoin un invisible jury pour lui donner raison, un geste qui dit CQFD. Je me lève, je dépose sur le coin de son bureau 80 euros, et je le quitte. Je descends le plus calmement possible les escaliers et je sors de l'immeuble, déjà les larmes aux yeux. Ne pas regarder s'il est à la fenêtre pour me voir partir. Comme un flash, l'image qu'il pourrait se jeter dans le vide et s'écraser à mes pieds. J'ai juste le temps de me dire que s'il fait ça, là tout de suite, je le rouerai de coups pour l'achever. Dans la rue, naviguant pour la dernière fois jusqu'à la station de vélos habituelle pour aller au journal, je me sens délestée d'un poids. Je me promets de ne plus *jamais* aller voir un psy. Je suis en larmes mais, cette fois, sans personne pour me dire le contraire, libre.

Au moment d'enfourcher le vélo, je repense au danseur. J'ai son numéro, je ne m'en suis jamais servie, depuis mon retour en France. J'hésite. Je me souviens de sa beauté, bien sûr. Sa grâce. Mais par-dessus tout je revois ses mains sanglantes, sa puissance fatale.

J'esquive la tentation. M'affleure le souvenir de ce livre de Marie Darrieussecq sur la fascination d'une femme blanche pour un comédien noir. Voilà la psy qu'il m'aurait fallu. Mais j'ai résolu de me débrouiller seule, et puisque finalement c'est là qu'on me pousse, je prends la Sublime Porte par le premier avion.

15

Istanbul, un mardi, près de la rue pavée. On travaille là désormais, apparemment, dans un local en sous-sol. Il y a les autres de l'équipe de *Charlie*, Angélique, Simon, Jean-Luc, ceux avec qui on déjeunait en petit comité le mardi. Ils ne veulent pas sortir, ils veulent se faire livrer des pâtes hallal – il n'y a que ça dans le quartier des pâtes hallal, même la formule pâtes aux trois fromages + salade de fruits + Coca est certifiée hallal – et moi je ne veux plus. Je fais un caprice pour sortir déjeuner ailleurs, et sans les flics, parce que j'en ai marre de ce bunker où on bouffe des pâtes hallal tous les mardis. Charb hésite, mais il finit par céder. Il me suit dans la rue pavée. Je vois que les gens se comportent bizarrement, certains font demi-tour pour remonter la rue en courant, mais pour ne pas admettre que j'ai peut-être eu tort d'insister je ne dis rien, Charb non plus ne dit rien, on avance. Une femme dévale la rue et m'attrape par l'épaule, Il faut fuir maintenant. Je suis paralysée. Charb détale, mais ils sont déjà partout, toutes les issues sont bouchées. Je le vois remonter la rue en courant à droite à gauche, et se heurter à des obstacles, rebondir. Je tourne la tête pour ne pas voir. Là la Corne d'Or. L'embarcadère de Karaköy, d'où partent les bateaux de croisière sur le Bosphore. La belle mosquée de l'autre côté du pont comment s'appelle-t-elle déjà ? J'entends les bruits assourdis de coups, sur fond d'appel à la prière, et c'est fini.

Je me réveille comme poussée dans le vide, les dents serrées, aux côtés de l'amant turc qui dort profondément. Son calme m'apaise. Ses longs cils, la respiration, le mouvement de son torse, les dessins sur ses bras. Ses lèvres d'enfant charnues.

Au loin dans la nuit, l'appel à la prière se rapproche, saisissant. Je me lève aussi délicatement que possible, j'attrape mon téléphone portable, je sors sur le balcon. Istanbul la nuit, la vieille ville, l'asiatique, l'eau noire, un spectacle d'une beauté à faire hurler les loups solitaires.

J'appelle Charb. On est au beau milieu de la nuit mais il va comprendre, il va décrocher ; sur l'écran les chiffres commencent à défiler. Je tends le téléphone vers la ville au moment où la mosquée la plus proche prend à son tour le micro.

J'écoute en même temps que lui, quelques secondes, l'appel qui flotte dans la nuit épaisse et je m'excuse de l'avoir réveillé, mais il fallait qu'il entende ça. Tout va bien ?

Allah akbar, me répond-il d'un rire ensommeillé. Merci, ça va mieux.

16

Il y a longtemps maintenant que Louise est morte. Longtemps que j'ai quitté le psy.

Charlie prend toute la place ; celle d'une fraternité, d'un sens, d'une direction. Les polémiques se succèdent, s'annulant plus ou moins les unes les autres. Le crash du Rio-Paris ; les surfeurs et les requins de la Réunion ; Brassens ; quelques coups d'éclat nous valent des procès de politiciens qui retournent à leurs magouilles dès la fenêtre médiatique refermée ; il y a *Charia Hebdo*, l'incendie, et encore un déménagement pour la rédaction. On est de plus en plus isolés, et fatigués de ramer dans notre coin sous l'attention suspicieuse, malveillante des confrères et des lecteurs. Les tensions en interne se ravivent, certains partent, d'autres restent en maugréant qu'ils seraient mieux ailleurs. Charb, sous protection policière permanente, n'en voit pas le bout et exprime parfois, lassitude ou lucidité, le sentiment d'être au volant d'une voiture qui fonce irrémédiablement dans le mur.

Vincent esquive notre tête-à-tête oppressant dans les bras d'un nouvel amant qui s'installe progressivement chez nous. Le ménage à trois aurait sans doute plu au psy – j'hésite à lui envoyer un faire-part.

Je repense à ma grand-mère souvent, comme à une ombre errante ; je sais n'avoir pas fait ce que j'aurais dû après sa mort. J'ai laissé passer l'occasion d'un livre, d'une catharsis. Un échec en suspens que je n'ose pas entériner. Mais le temps passe, les hommes me distraient, je lie tout cela à grandes rasades d'alcool et pas une ligne, pas un projet parmi les mille envisagés, aussitôt formulés qu'avortés. Je m'enlise.

Istanbul ne m'a pas quittée. J'ai la nostalgie de l'amant, de la vue, de l'appel.

17

Je me décide à lever les voiles presque sur un coup de tête. C'est un samedi, en sortant d'une dédicace avec les dessinateurs. On vient de trinquer, et je dis que j'ai une annonce à faire. Que je pars. Tout le bistrot entend Catherine hurler Quoi mais comment ça tu te barres ? Honoré est en face de moi, et je croirais voir ses bras tomber. Je pensais faire la maligne et éviter toute émotion en faisant quelques blagues, mais je suis touchée, déstabilisée de le voir affecté, lui si tendre. L'impression d'abandonner des compagnons dont je n'avais pas mesuré l'attachement réciproque. Je sors en souvenir une grande affiche du festival de Brive, où nous étions allés tous ensemble l'année précédente. Honoré la dédicace en y ajoutant un perroquet qui répète en écho infini, À bientôt ! À bientôt ! À bientôt ! Et en plus petit, près de sa signature : J'espère !

Plus tard, seule chez moi à faire mes cartons, j'écoute Catherine Robbe-Grillet parler de sado-masochisme à la radio. C'est la nuit. Une de ces soirées étranges et solitaires, quand on quitte une vie qu'on a aimée pour en rejoindre une autre encore inconnue, déjà désirée, avec le flottement du doute sur le choix qu'on est en train de faire.

Le téléphone sonne. Bernard Maris s'affiche. Je décroche en me demandant, comme souvent, s'il n'y a pas un problème. Une vague angoisse. Un bug d'impression sur un livre, une plainte sur un article, une engueulade. La voix emphatique de Bernard, Alors ! Istanbul ? Qu'est-ce que c'est que cette histoire ?

J'explique que j'ai trouvé un boulot à Marseille, et que je vais travailler entre la France et Istanbul, que la suite est encore tout à fait incertaine.

Attends Marseille moi j'adore, tu sais que c'est ma ville natale. J'adore Marseille. Marseille, c'est la France.

J'essaie de dire sans être trop émue combien *Charlie* me manquera, mais il me coupe.

Mais non ! Vraiment il faut que vous alliez voir ailleurs, je l'ai dit à Sylvie, tu en as parlé avec Sylvie ? T'es jeune. Et *Charlie,* c'est mort.

Je l'entends dire que *Charlie* c'est mort et je ne réponds rien. Je n'y pense même pas. Je n'entends rien d'autre alors, bien sûr, qu'un mot en l'air.

Ironie tragique, prochain épisode.

Quelques jours plus tard, posant à peine mes valises à destination, je reçois ce message du délicat correcteur de *Charlie,* le charmant Mustapha, lui dont j'oubliais toujours quand j'entrais dans son bureau le lundi pour proposer de boire une bière qu'il ne buvait pas une goutte d'alcool, mais dont je savais que, comme Cavanna, il n'entendait que d'une oreille et demandait de l'intimité dans la conversation, du calme, de l'articulation, et qu'on se place *du bon côté* pour parler : celui de l'oreille entendante, ou de l'écrit.

L'actualité coince Marseille dans les faits divers… Comment vas-tu ? L'augmentation du nombre de kalachnikov en circulation te gâche-t-elle le plaisir de t'attabler derrière un demi ?

Je t'embrasse,

Mustapha.

18

Vue sur la mer intérieure calme et tranquille. Beau froid d'hiver. Un bateau entre, un autre sort du port, je regarde distraitement, retour de Corse, départ en Algérie. Dans le couloir, des collègues se racontent leurs vacances, les fêtes, la bonne année.

Vibration. Message de Vincent. T'as vu ce qui se passe à *Charlie* ?

Sur le site de *Libé*, Luz qui dit « C'est une boucherie, il y a des morts ».

Je jure et ça fait se retourner ma voisine de bureau, pour une fois je dois avoir l'air dissuasif car elle n'ose pas demander. J'appelle Charb. Répondeur.

Je cherche qui d'autre peut être à *Charlie* un mercredi matin ; tout le monde en fait, Jean-Luc, Luce, Angélique, Simon, Laurent... Personne ne répond. Mais mon téléphone commence à sonner, des journalistes appellent, demandent si je suis au journal, si je sais quelque chose, ils ne savent rien de précis non plus mais on promet de se tenir au courant. Une amie d'enfance qui travaille chez Reporters sans frontières, pas revue depuis si longtemps, appelle catastrophée – elle a des bribes d'infos, rien de confirmé, rien de première main.

J'envoie un SMS à Charb : Réponds que tu vas bien stp. Et je ne sais pas quoi faire de plus. Dans le bureau Laure et Yamina font des têtes pas possibles. Je m'assois, on attend. Le téléphone inutile à la main. Des appels du Québec, de je ne sais où, des gens qui cherchent des infos et qui n'en ont pas.

T'as appelé Pelloux ?

Je n'y ai pas pensé. Il doit être submergé par les journalistes aussi.

J'essaie, ça sonne, ça décroche.

Ouverture de la trappe.

Un long hurlement. Jamais entendu cette voix.

Ils sont morts, Valérie ils sont tous morts.

Qui est mort ?

Tous, tous. Charb est mort.

Je ne dis plus rien et il pleure, ou il répète la même *chose*, la même horreur, incompréhensible magma de langue inhumaine au milieu des corps. Un sentiment de dégoût, d'obscénité, de fatigue physique m'accable. Je voudrais raccrocher mais pas sans être sûre, cette résistance qui fait que je n'y crois pas vraiment, écho absurde de ce soir lointain où les garçons (Charb et Patrick) m'avaient annoncé qu'ils avaient invité à notre dîner Michel Delpech et j'avais cru que c'était une blague jusqu'à ce qu'on arrive au restaurant et qu'il soit là en effet ; cela n'a rien mais rien à voir avec ce qui se passe ici mais ce souvenir me parasite, je revois Charb faire l'andouille dans l'escalier de *Charlie* en chantant *Pour un flirt avec toi* et dans le même temps j'ai Pelloux en pleurs au téléphone et je lui dis froidement

Patrick, ce n'est pas drôle là. Charb est mort ? En tant que médecin tu me dis que Charb est mort ? Tu es sûr, tu l'as vu mort, toi-même ?

[Incompréhensible]

19

Rentrer à l'appartement. Prendre une valise, la remplir avec les affaires qui sèchent sur le fil. La même valise tout juste revenue d'Istanbul. Juliette m'a accompagnée à la maison, elle dit qu'elle s'occupera du chat, que je ne sais pas quand je rentrerai, qu'il vaut mieux prendre tout ce qu'on peut.

J'avise sur la table basse le tabac à rouler, les feuilles, les filtres de l'amant turc que j'ai embarqués par mégarde. Je ne sais pas rouler. Juliette me propose de le faire, pendant que j'ouvre une bouteille de liqueur de camomille des Alpes. On descend la bouteille en fumant sur la terrasse. Le soleil est doux, magnifique journée de janvier marseillaise.

Laure appelle pour dire qu'elle a pris des billets de train pour dans une heure. Qu'elle m'accompagne à Paris.

On s'installe au wagon-bar avec des bières. Le TGV est plein, tout le monde vissé à son portable, les noms des morts tombent encore, tout le monde ne parle que de cela.

J'ai pris avec moi ce petit iPad que j'avais acheté il y a quelques années, juste avant d'aller avec les dessinateurs au salon du livre de Brive-la-Gaillarde, très connu et apprécié pour son mythique Train du livre. Les photos de l'iPad gardent la mémoire du voyage, dans les luxueux wagons-restaurants de l'Orient-Express affrété pour l'occasion, qui convoie les auteurs du salon en leur servant un copieux repas de spécialités du Sud-Ouest.

Des photos de notre visite du train, Honoré et Catherine posant dans les couloirs comme sur le tapis rouge, Wolinski affalé en pacha, les pieds sur la table, Charb faisant le service du vin. Et puis à table, quand on a découvert la fonction Photobooth de l'iPad, celle qui déforme les visages. Au fur et à mesure du trajet les images sont de plus en plus irréelles. Autoportraits tournoyants de Tignous hilare. Photos volées, floues et aériennes, d'Honoré en très sérieuse conversation avec Cédric Villani. Baisers aux langues démesurément allongées de Charb et Catherine. Grimaces des gardes du corps de Charb qui nous accompagnaient, comme toujours. Suite du trajet, visiblement de plus en plus arrosé : photos des pages d'un cahier sur lequel on s'était lancés dans un concours de dessins de lapins de la main gauche. Étant la seule non-dessinatrice mais la seule gauchère du concours, mon lapin se fond à peu près parmi les lapins des pros dont on a du mal à identifier le trait pourtant si reconnaissable.

Les photos défilent et nos deux trains, le Train du Livre et le train du 7 janvier, se croisent et s'éloignent irrémédiablement.

Quand nous arrivons à Paris la nuit est tombée, je passe aux mains d'autres amis, on se pointe à République, puis Sylvie me récupère, qui m'héberge ce soir. Je dors dans la chambre de Julia, 17 ans, qui a grandi dans les pattes de *Charlie.* Elle qui appelait Maris « Oncle Bernard », comme tout le monde, mais qui appelait aussi sa femme « Tante Sy' » parce que c'était vraiment la famille. Je la revois gamine, se boucher les oreilles en pouffant quand Charb racontait des obscénités pas de son âge ; et puis, jeune ado, accepter qu'il lui serve du vin à table en cachette de sa mère. Les murs de sa chambre sont recouverts de dessins des uns et des autres qui veillent sur la petite môme de *Charlie,* comme les bienveillants papas d'une famille d'élection.

20

Chaos informe des jours qui suivent.

Luz hagard sur la place de la République.

La salle du hublot transformée en cellule de crise. Les policiers partout.

Les dessins et hommages qui recouvrent les murs de la capitale, mais l'adjointe à la maire de Paris qui me dit qu'il ne sera pas possible d'afficher le dessin de Cabu sur les panneaux de la mairie, parce que « C'est dur d'être aimé par des cons » pourrait heurter des sensibilités.

Une femme qui se présente comme la compagne de Charb, qui vient devant les caméras pour me serrer dans ses bras, comme si nous nous connaissions.

Malka qui me répète en boucle que j'ai une mine rayonnante.

L'appartement de Patrick transformé en auberge espagnole où se croisent tous ceux qui cherchent de la compagnie, du vin, des larmes. L'ancien présentateur de Ça cartoon qui passe une soirée avec nous, et pendant des jours ensuite, « Quoi de neuf docteur » et la musique du générique dans la tête.

Un SMS reçu qui dit Fais attention, il y a de nouveau des tirs dans le 20e apparemment. Où es-tu ?

Bon, on le fait ce journal ? C'est quoi l'actu cette semaine ? Le premier rire post-attentat.

Cet avocat sorti d'on ne sait quel placard à dossiers mal fermé, bedonnant cravaté, qui vient nous expliquer ce qu'on peut faire *pour lui*. Qui se permet de nous engueuler. Qui invite un type de *Valeurs actuelles* à l'enterrement de Charb et qui m'écrit que je suis *aussi intolérante que ceux que nous prétendons combattre.*

Quelqu'un qui annonce à la ronde : Ça y est, ils les ont eu. Hochements de têtes.

Notre cortège dans les rues vides du 11 janvier. Les applaudissements des riverains qui percent le silence. Les fenêtres s'ouvrent pour brandir des dessins ; les policiers crient de rentrer chez soi et les vitres claquent d'être vite refermées. Jul dit : on dirait un calendrier de l'avent.

Un des gardes du corps de Charb qui me serre dans ses bras en disant qu'on retournera dîner à la Cantinetta.

Le pigeon.

La beauté de la femme de Luz, sûre d'elle, rassurante.

Des heures à se raconter ce qu'on a vécu ensemble. Un long moment à pleurer avec Catherine main dans la main, elle qui dit d'un coup On a les mains moites non ?

Zineb en larmes et en colère, une pinte de bière dans une main et un énorme cigare dans l'autre.

L'organisation des enterrements. Les conflits d'emplois du temps, de lieux et de dates. Les tensions, la fatigue. L'idée monstrueuse et dérisoire de faire un Doodle pour mettre tout le monde d'accord. Foolz qui éteint l'ordinateur en disant Laisse tomber.

Mon frère propose d'aller chercher un dessin de Charb encadré chez Patrick pour le mettre dans le journal. Les policiers chargés de la sécurité de l'immeuble qui téléphonent, Il y a un type barbu qui veut rentrer chez vous, il a les clefs, qu'est-ce qu'on fait ?

Les nouvelles des blessés. Les premiers mails échangés avec Simon sorti du coma, son humour qui nous scie ; lui en tout cas, *il est Charlie.* La rédactrice en chef de *Libération* nous adresse la chronique de Lançon écrite depuis son lit d'hôpital. Ce que c'est que *porter la plume à la plaie.*

Les erreurs dans les envois collectifs ; des gens qu'on ne connaît pas reçoivent des messages qui ne leur sont pas adressés, ils répondent bouleversés en jurant de ne rien dire à personne.

L'aller-retour à Clermont-Ferrand avec Solène et Pelloux en voiture de police, comme des gamins à l'arrière avec nos oreillers pour dormir sur la route ; arriver pile à l'heure pour l'enterrement de Michel Renaud, que nous ne connaissions pas et qui est mort parmi les nôtres.

Les insomnies, les médicaments, l'alcool. Les embrassades, les Je t'aime, la communion générale. Les vitrines des commerces recouvertes d'affiches *Je suis Charlie*. La mendiante de la rue des Martyrs, Coca, qui me dit en me montrant plusieurs paires de gants, des brioches et des cigarettes, que les gens sont extraordinairement généreux depuis quelques jours.

Mon père s'assoit à côté de moi en silence, j'ai la gorge pleine de larmes, je ne peux plus parler. Rien que son regard me bouleverse. Qu'est-ce qu'on peut faire pour toi ? Je ne sais pas Papa, je ne sais pas.

Des messages de soutien de partout, des cadeaux, des dessins, des livres, des bouteilles de whisky hors de prix sifflées en dix minutes. Parmi les citations de la part d'amis qui ne trouvent pas leurs mots, une phrase de Sony Labou Tansi : « J'exige le courage tragique de se marrer en connaissance de cause ». Ce désarroi de ne pouvoir lire, incapable de me concentrer, et que la littérature ne me soit d'aucun secours. Celui qui allait devenir mon éditeur me conseille ne pas m'énerver, comme si j'allais me fâcher avec un ami de toujours : Il faudrait pouvoir jouer pour pouvoir lire.

La couverture de Luz « Tout est pardonné », placardée partout dans Paris par les kiosquiers. L'envie de la déchirer puisqu'elle me déchire. Mais à force de la regarder, s'habituer. S'y raccrocher comme à un rayon de paix, d'espièglerie, d'enfance.

21

Minuit : le jour fatidique, le dernier d'une semaine d'enterrements à la chaîne. On a déjà passé les cérémonies d'Elsa, Tignous, Wolin, Franck le policier, Michel l'invité, Cabu, Bernard ; tout simplement pas possible d'être présents à toutes, il a fallu se répartir, faire des choix. Sans parler des victimes hors *Charlie*, Frédéric Boisseau, les policiers, celles de l'Hyper Casher... On a passé cette semaine tarée et pourtant on est encore là, debout, pas malades. Même pas le mal de bide catégorique qui vous empêche purement et simplement de vous lever le matin pour aller travailler quand vraiment ça ne veut plus. Quelque part en nous, quelque chose a trouvé la nécessité de faire ce circuit atroce.

Glousser comme des gosses en imaginant la cérémonie idéale pour l'enterrement de Charb. On liste les goûts éclectiques de notre ami comme si on lui préparait une bête blague et le portrait chinois qui s'en dégage nous fait fondre de rire. Les Dead Kennedys, l'Internationale, Jeanne Moreau, le Parti communiste, les chants du Hezbollah et de Civitas, de la cornemuse, les Pogues, des chapeaux et des bruits d'oiseaux. Les hommes boursouflés de virilité dont il chérissait les caricatures, Staline, les mollahs d'Iran, Brassens, les surfeurs, les graphistes.

Le mot de passe pour accéder à la cérémonie serait «Jardiland», en hommage aux pantalons verts à larges poches (pratiques pour mettre les crayons) qu'il aura portés tous les jours de sa vie ces dix dernières années.

Pelloux va s'isoler pour essayer d'écrire un texte à lire pendant la cérémonie, exercice impossible. J'avale quelques pilules pour dormir. Au bord de mon lit les livres que j'ai récupérés chez Charb, que ses parents m'ont laissé emporter, la petite pile des auteurs que j'aime, certains dédicacés, reçus au journal et qu'il gardait à mon intention, pour la prochaine fois qu'on se verrait. Le dernier Virginie Despentes. Christophe Bataille. Un livre de Vincent Duclert sur Istanbul. Je regarde cette pile silencieuse comme des offrandes sur un autel, j'essaie de me recueillir, de saisir ce dernier moment où Charb n'est pas encore en terre; les chats de Patrick sautent sur le lit et s'installent comme si de rien n'était.

Demain l'entrée du cercueil se fera, l'assistance debout, au son de l'hymne soviétique. Les trois ministres présentes s'en souviendront. Des poings se lèveront, des pleurs, des rires nerveux, des rires sincères.

Je fixerai juste devant moi la silhouette de Christiane Taubira, qui a si chaleureusement honoré la veille le rieur Tignous. Sa présence forte et apaisante. Avant de partir enterrer les autres, Honoré, Mustapha, j'aurai envie de la prendre dans mes bras, envie de lui faire une blague, « merci pour ce moment », quelque chose comme ça, pour qu'elle comprenne que c'était si important qu'elle soit là et qu'elle ne fasse pas semblant.

Les hommages des amis sont irrésistiblement drôles, infiniment tristes d'être si drôles comme l'était Charb. Il est certain que nous survivrons à cela, puisqu'ils ont cette force épatante de nous faire rire encore aujourd'hui.

Six pieds sous terre camarade, tu n'es pas mort. Comme le prédisait Rimbaud, viendront d'autres horribles travailleurs. Et ils commenceront par les horizons où tu t'es effondré.

22

Rentrée à Marseille, seule pour quelques jours, auprès de la consolante *mare nostrum*, avec le chat qui m'évite. Je crois qu'il fait la gueule parce que je l'ai abandonné, puis je me dis qu'il a bien le droit de faire son deuil aussi à sa façon, lui qui peut se rouler en boule sous un lit et n'en plus bouger ; qu'il en profite. Il me faut quelques jours pour remarquer les traces de sang sur son coussin. Je l'attrape alors qu'il cherche à s'enfuir, lui renverse la tête, ses yeux exorbités me fixent furieux. Une boule à la mâchoire, quasi invisible à cause des poils, mais très sensible. Et saignante.

Il ne manquait plus que ça.

23

J'ai une belle liste de psys recommandés par tout ce que je compte d'amis, avec leurs diverses sensibilités et écoles-miracles. Ne sachant comment les évaluer, je commence par le plus proche.

La salle d'attente mauve aurait dû m'alerter, m'empêcher de me signaler à l'accueil, les lustres à breloques, les montagnes de magazines féminins sur la table basse moche.

Certes je ne suis pas psy, mais ce sykat' m'a tout l'air d'avoir un petit problème. Outre ses lunettes de graphiste. Les yeux derrière sont très grand ouverts, et fixes, le sourire beaucoup trop affable pour être crédible. Et qu'il a l'air content de lui, il s'est installé dos à la fenêtre comme ça on est ébloui par sa lumière et ne se dégagent dans la pièce saturée que ses dents blanches, le menton en avant posé sur la main, le coude sur le bureau,

Alors qu'est-ce qui vous amène ?

J'explique, il me coupe Pourquoi moi ? Je me le demande aussi mais j'explique encore, il me coupe Ha oui, peut-être parce que j'ai longtemps fait du post-trauma mais j'en ai vraiment fini avec ça, c'est loin, loin de moi maintenant.

Je suis découragée.

Il enchaîne, mondain,

J'imagine que ça devait être génial de bosser à *Charlie* avec toute cette bande de copains non ? Je lisais ça quand j'étais ado moi.

J'ai un mouvement d'impatience et je dis que je voudrais m'évader, faire un pas de côté de ce marasme qui m'engloutit, il me dit Allez chez vos parents. Je réponds Istanbul, il lève les bras, Istanbul ha non non non, ça ne me paraît pas judicieux dans votre cas ça, ponctué d'un grand sourire bête et connivent.

24

Les premiers jours sous le soleil de Marseille sont une renaissance. Je prends le café le matin chez Roger, face à la Bonne Mère. Je lis *Charlie* en terrasse – ce qui aurait été pris l'année dernière pour une provocation me vaut aujourd'hui la sympathie des passants. Un livreur de légumes s'arrête avec son diable et tient à me préciser que lui lisait déjà *Charlie,* avant. Je dis que moi aussi. Aucun de nous n'a l'air de croire l'autre.

Et puis le mistral s'en mêle, m'enferme chez moi une journée, une deuxième. Je m'assure sur mon balcon que rien ne risque de voler pendant la nuit. Le vent s'engouffre et fait méchamment siffler la ville sale, soulève des montagnes de déchets, papiers, plastiques par-dessus les rares piétons. Deux silhouettes zigzaguent dans la rue jusqu'à ma porte. J'entends les interphones des étages inférieurs sonner, un à un, jusqu'au mien. Vu d'en haut, il y a juste deux sommets de capuches, d'épais blousons. Ils insistent. Lèvent les yeux vers les étages, j'ai un mouvement animal, le cliquetis d'un engrenage, je recule.

J'entends des coups sur la porte de l'immeuble.

Tout s'accélère. J'appelle le 17, la musique d'attente achève de me faire vriller, et ce message contradictoire, Vous êtes bien au numéro d'urgence de la police, merci de patienter, vous pouvez aussi appeler votre commissariat de quartier. Le temps se déroule interminablement, il faudrait que j'habite au 18e étage pour leur donner le temps de répondre, en même temps que je subis la musique lancinante et le message en boucle je cherche le numéro du commissariat du quartier, ça fait des minutes que j'attends au 17, je décide de raccrocher et d'appeler plutôt le numéro du quartier mais lui sonne carrément dans le vide, rien n'est pire que cette sonnerie suspendue, ou si, pire : ça finit par raccrocher. Appel non-abouti.

Alors tout mon répertoire y passe. Anne décroche immédiatement, je lui dis sèchement Tu peux venir à la maison maintenant ? Et je raccroche, j'appelle à la chaîne, Laure à qui je laisse un message alarmiste, Greg et Coralie mais je renonce après une sonnerie en pensant à la môme qui doit dormir, Linda qui est à Paris et ne peut rien pour moi mais comme elle décroche je déverse sur elle un flot d'angoisse avant de raccrocher brutalement, Sylvie : message apocalyptique, Pelloux. Patrick comprend tout de suite, me dit qu'il se charge d'alerter les secours. Prends tes médicaments, respire.

J'essaie plutôt de voir si je ne peux pas évacuer au moins le chat par le balcon. Alors que je suis en train de bricoler un passage derrière le grillage qui sert de tuteur à la glycine pour qu'il puisse se sauver chez les voisins, j'aperçois au coin de la rue Anne, qui arrive d'un pas tranquille. À l'autre bout, exactement synchronisés, les pompiers et les flics. Ils déboulent dans l'immeuble, bloquent Anne en bas en décrétant une opération d'urgence ; je la vois stupéfaite lever les yeux vers moi.

Les policiers armés investissent l'appartement, sécurisent le balcon ; avec les pompiers on est au moins dix dans 40 m², la situation est grotesque et je me répands en excuses, mais les pompiers me font taire, asseoir. Prennent ma tension, délirante, me font parler, j'ai froid. Se regardent les uns les autres, les dessins aux murs, l'inquiétante sérigraphie de femme-oiseau de Blanquet, les flics la fixent comme s'il était mort lui aussi, ou comme si c'était elle qui me portait malheur. Anne est autorisée à se joindre à notre attroupement ; elle a amené une part de gâteau aux bananes, et une tisane Nuit calme. Ça détend l'atmosphère. Ils me confient à ses bons soins et nous restons en tête-à-tête, avec les bananes et une nuit calme à passer ensemble, puisqu'elle ne semble pas prête à me laisser seule dans cet état. On s'installe comme deux ados parmi les coussins, la lascivité de son corps serein contre mon sac de nerfs à vif, et on lance un vieux film dont l'insouciance familière referme sur nous son cocon.

25

La deuxième psy de la liste n'a même pas de salle d'attente, elle ouvre la porte à l'heure dite. Elle m'ausculte du regard, elle a une plume dans les cheveux qui m'agace un peu, des dessins niais au mur. Mais je ne peux pas me permettre d'être sarcastique.

Tellement de choses ont été dites, les écrans, les journaux, tous ces millions de personnes dans la rue, les photos, les dessins, les hommages, les polémiques sordides. J'ai peur pour mon propre récit. Ce que je savais s'estompe, se mélange à ce que j'apprends, et je ne veux pas corriger mes souvenirs, pas réviser mon histoire. Je ne veux plus parler aux inconnus. Je ne voudrais plus les entendre.

La psy hoche la plume et dit qu'elle a l'habitude. Que le corps peut parler quand la tête est malade.

Je suis assise sur le fauteuil trop large, elle me fait enlever mes chaussures et je m'installe n'importe comment, recroquevillée, les pieds ne touchant plus terre. Elle regarde mes mains. Le tremblement ininterrompu. L'alcool, oui. La cigarette surtout. J'ai perdu dix kilos je pense. Les premières semaines je ne mangeais plus, mais je réfléchissais si vite. Un sentiment d'extra-lucidité. Très calme, au milieu de l'effervescence. Et d'immense communion.

Maintenant cela s'estompe. La peur, peut-être. Des douleurs dans le ventre. Plus de règles, non. J'aurais envie de faire l'amour, mais je ne peux pas. Je prends des médicaments encore oui bien sûr.

Je ne dors pas. Quand j'étais à Paris, pour ne pas zoner chez mes amis je sortais la nuit et j'allais marcher ivre le long du canal Saint-Martin, dans le froid de l'hiver parisien, je me regardais tituber vers le bord de l'eau.

J'ai tellement marché, depuis le 11 janvier, que j'ai les pieds détruits et ça ne veut pas guérir.

J'enlève mes chaussettes et je découvre les dégâts. La psy avec sa plume met la main devant sa bouche. Mes bottines prennent l'eau, les gerçures se mêlent aux plaies, aux bleus. Je n'ai pas vraiment mal. J'ai fait de la danse classique vous savez, longtemps. J'ai appris à me tenir droite même avec les pieds douloureux.

La psy rassemble ses esprits. J'aimerais que vous retrouviez le sentiment de la douleur. On va travailler là-dessus.

Ça a duré quelques séances. Comme une rééducation. Sentir le sol. Essayer de se mettre sur la pointe des pieds, attendre longtemps, plus longtemps que le déséquilibre, plus longtemps que les crampes de la voûte plantaire, des petits orteils, sentir la cheville qui flanche, et les larmes qui montent. S'allonger pour pleurer.

La psy s'approche pour me caresser les cheveux.

Je voudrais que vous sachiez que ce que vous avez vécu, tout ça... C'est pas ça la vie.

Je grince des dents. Mais qu'est-ce qu'elle raconte. Qu'elle se taise. Qu'elle se taise j'ai trop besoin d'elle pour qu'elle ruine tout avec des mots trop légers à la surface de la réalité brute, violente, la réalité qui n'a demandé l'avis de personne pour être la simple et idiote réalité de la vie, quoi qu'elle en dise.

Il faut vous dire qu'ils sont morts comme ils ont voulu vivre, libres...

Je ferme les yeux et je revois l'image manquante, celle de ma grand-mère chargeant la bouteille de gaz, déjà peut-être sous l'emprise des médicaments, dans la voiture, pour le dernier voyage.

Je revois les danseuses sous verre du premier psychiatre, celui qui riait quand on lui parlait de la liberté, toutes ces conneries boursouflées dans lesquelles la France s'est prétentieusement drapée depuis janvier.

Définitivement, on n'en est pas là.

26

Troisième visite chez le véto en un mois, deux opérations. Le chat n'a plus qu'un trou à la place de la joue, et une collerette opaque qui le rend paranoïaque. Il court se cacher au moindre bruit, et se cogne au sommier du lit.

27

Entre la psy et le véto, l'hôpital où l'on boit un verre avec les blessés. Simon, son esprit caustique et sa convalescence spectaculaire. Les autres, qui viennent plus souvent, s'y sont habitués. Lançon et sa blessure à la mâchoire viennent prendre l'air mais pas le soleil : un chapeau à large bord et un masque de chirurgie complètent son look de dandy baroudeur. Sérénité et chaleur des survivants, Laurent, Simon, Jean-Luc, Martine, Patrick, Solène, Philippe, autour d'une bouteille de rosé un après-midi de printemps.

28

Bien sûr qu'on se sent coupable.

On aura beau mobiliser tous les soutiens qu'on voudra.

Comment en est-on arrivé à cristalliser la haine à ce point. Ce point où l'on fait ressortir le pire chez l'autre. Et je ne parle pas des frères Kouachi. Il y a aussi tous ces gens, certains que je connais, certains que j'estime, qui ont été ou qui auraient pu être des amis, mais qui débattent jusqu'aujourd'hui de la proportionnalité de la peine, de qui sont les vraies victimes, les premières, les collatérales, de notre racisme inconscient et retors, des torts partagés des dessins et des fatwas, du deux poids deux mesures, qui coupent la poire en quatre sur nos tombes en se prenant pour Salomon, comme si ces morts étaient moins que des humains que sont évidemment les âmes sensibles blessées par leurs dessins. Ces gens-là qui ne nous ont pas fait la grâce de considérer que nous étions peut-être de bonne foi quand on se disait anti-racistes. Que nous n'étions peut-être pas plus stupides qu'aliénés, simplement pas d'accord avec leurs méthodes, et piégés, de plus en plus inaudibles à cause d'eux. Qui ont fait de nous et de nos histoires, de nos doutes et de notre désespoir, une trajectoire sans appel, bornée, militaire.

Au salon du livre il y a quelques années, un groupe nerveux venu sur notre stand pour compter les caricatures de juifs parues dans le journal l'année écoulée, trouvant qu'il n'y en avait pas assez et que c'était la preuve de notre collusion avec le lobby sioniste ; parmi eux, un type qui était en cours avec moi.

Dans une manifestation, des militants antiracistes qui nous insultent au sujet d'un dessin sur Taubira ; Taubira qui serait depuis longtemps présidente de la République si la France était vraiment *Charlie*.

Planqués derrière leur bière à la fête de *L'Huma*, des provocateurs en herbe crient vers notre tablée Vive Siné ! à qui Charb lève son verre.

Et ce comique de gauche entendu à la radio qui croit écraser l'infâme en nous donnant des leçons de déontologie, après l'incendie de 2011, d'une phrase : « *Charlie Hebdo*, qu'ils crèvent ». Ce même comique que j'ai vu se faire siffler par la salle lors d'un spectacle à Alger, alors qu'il croyait se faire bien voir en cirant les pompes d'une ministre de Bouteflika. Chacun ses compromissions, et ses ridicules.

En librairies, de jeunes missionnaires qui croient qu'ils sont les premiers à venir charitablement nous réciter Chomsky, Bourdieu, Fanon ; l'impérialisme, Cuba, la Palestine. Qui proposent de nous expliquer tout ce qu'on n'a pas compris,

Tous ces hommes qui sont nos frères, chantait Brel, tellement qu'on n'est plus étonnés que par amour ils nous lacèrent.

Je me demande encore ce qu'ils attendaient de nous.

Rien, justement.

Inlassablement, Charb répondait à tous les mails, à tous les coups de fil, même les plus cons, même les plus agressifs. Facebook, Twitter aussi. Il avait pris à bras-le-corps sa propre défense comme un sacerdoce, et à le fréquenter tous les jours, on finissait par croire qu'il arriverait à les convaincre tous. En attendant, il rentrait chez lui le soir accompagné par ses flics.

Il y avait eu ce test un samedi, on avait décidé d'aller voir une pièce ensemble, dans un petit théâtre de Pigalle. *D'un retournement l'autre,* de Frédéric Lordon. Ce serait un repaire de gauchistes ; Charb avait décidé de ne pas prévenir sa protection. C'était la première fois depuis des mois qu'il prenait le métro, seul. Une fois dans la rame, vaguement inquiet, il avait ôté ses lunettes – ce qui eut le mérite de le rendre méconnaissable, et l'inconvénient de le rendre aveugle. On a pouffé du grotesque de la situation. La pièce finie, on a pris un taxi pour rentrer. On n'avait pas dépassé le boulevard de Rochechouart que le chauffeur s'arrêtait en plein milieu de la rue. Monsieur. Vous sortez de mon taxi.

Charb entreprit de parlementer pendant que je hélais le taxi suivant. Le ton est monté, le premier chauffeur est sorti de sa voiture et a crié au second, Ne le prenez pas, c'est le mec qui fait les caricatures de Mahomet.

On a traversé le boulevard et on a attrapé un taxi dans l'autre sens. Silence de mort dans la voiture. Je m'apprêtais à donner mon adresse et je me suis rattrapée, j'indiquai un bar au coin de ma rue. J'écoutai la CB en arabe comme si une chasse à l'homme s'y lançait. On est arrivés à destination sans encombre. Le front posé contre la vitre de mon studio Charb a appelé ses flics. Dit qu'il fallait venir le chercher chez moi. S'est excusé d'avoir fugué. Promis qu'il ne le ferait plus.

J'ai souvent raconté cette anecdote qui nous a fait prendre conscience des bords de la cage dans laquelle il était désormais enfermé sans retour, en débattant avec des gens qui mettaient en cause l'opportunisme de *Charlie*, qui dénonçaient la provocation, qui accusaient les dessinateurs de se foutre des conséquences (comme si les conséquences n'avaient pas d'abord été pour eux), ces gens qui auraient bien économisé l'argent dépensé par le contribuable pour payer des chauffeurs à des petits cons enrichis par les polémiques.

Dès le lendemain, Charb était de retour à son poste et répondait aux mails et aux interviewers toujours aussi malins, Qu'avez-vous à dire à votre ancien ami qui vous conchie ? Comment expliquez-vous que tout le monde vous déteste ? Avez-vous conscience d'être un salaud ?

Quel vain plaidoyer, pour convaincre qui maintenant, de rendre leur humanité à des morts qui n'en ont plus besoin. Qui ne devraient plus en avoir besoin.

L'une des survivantes du massacre de *Charlie* a déclaré quelque part que le drame l'avait *attendrie*. Pas radicalisée, pas endurcie, pas affaiblie. Attendrie.

Pascal Quignard, dans *La Barque silencieuse,* écrit : « Montrer son dos à la société, s'interrompre de croire, se détourner de tout ce qui est regard, préférer lire à surveiller, protéger ceux qui ont disparu des survivants qui les dénigrent, secourir ce qui n'est pas visible, voilà les vertus. Les rares qui ont l'unique courage de fuir surgissent au cœur de la forêt. »

29

On me confie spontanément désormais, comme une cooptation dans la grande famille de ceux qui ont vécu l'effondrement du monde connu, des drames que je savais parfois, mais dont on n'avait jamais vraiment parlé.

Souvent à les entendre, mes quelques morts me paraissent obscènes, dérisoires, grotesquement gonflés par l'émotion planétaire, instrumentalisés, médiatisés au-delà du rationnel. Je m'en excuserais presque, mais je ne résiste pas à sonder ceux qui ont traversé, jamais pareil, mais parfois pire drame que moi.

Je n'obtiens rien.

30

Katherine avec un K est énergéticienne. On m'a dit de lui dire tout de suite que j'y croyais pas, à ses trucs. Mais que j'essaie de lâcher prise et de déverrouiller la fatigue, les pleurs sans cesse, les dépendances qui s'accumulent.

Au 6e étage sans ascenseur d'un immeuble de Pigalle, elle m'installe au milieu d'une reconstitution grotesque de tente berbère, allume de l'encens, s'assoit en tailleur. Par la fenêtre je vois les néons du Sexodrome.

La thérapie commence par une séance de palabres. Katherine note mes antécédents familiaux, médicaux, le suicide, l'attentat. Considérant tout cela, elle décide du soin qu'elle va m'apporter en priorité. Après quoi je me mets debout, et sans me toucher, elle réaligne « tout ça ». Y a du boulot, semble-t-il. Elle s'arrête d'un coup, comme interpellée.

Je sens votre ovaire, il me parle ! C'est cet ovaire-là qui a été opéré, ou c'est l'autre ?

Je suis tellement interloquée que je ne sais plus dire de quel côté j'ai encore un ovaire en état de parler à qui que ce soit. Que dit-il ? Il est en souffrance. Ha.

Katherine se rassoit et me demande gravement si je suis bien l'aînée de ma fratrie. S'il n'y a pas d'enfants morts avant moi.

Elle m'allonge, et me propose gracieusement, parce que c'est la première fois que je viens et qu'elle ne peut décemment pas me laisser repartir comme ça, tout est tellement noué, un massage de réalignement. C'est pas de la magie, me prévient-elle parce qu'elle sent que je suis perplexe et que j'en ai un peu marre, que dans la mesure où je me traîne comme ça depuis des mois je pourrais aussi bien repartir non-alignée ; elle m'explique qu'elle travaille sur l'idée, simple, que la physique quantique est en train de découvrir mais que la médecine chinoise connaît depuis toujours, que nous sommes le reflet de l'univers. Et donc elle se connecte à mon être profond, mes chakras, mon âme, quel que soit le nom qu'on lui donne – je pense à ce que Pelloux va dire quand je vais lui raconter ça – et elle réaligne.

Une heure trente de massage sans contact plus tard, Katherine me relâche non sans me délivrer une image qui lui est apparue pendant notre connexion : elle a vu une femme, qui ne peut être que moi, ligotée à un pieu ou un arbre, cernée par des hommes armés. Peut-être, comme j'ai deux frères, ai-je joué aux cowboys et aux Indiens petite ? Pas que je me souvienne.

Je rentre piteusement chez Pelloux. Il m'absout en riant. Tu veux bien aller voir un vrai psychiatre, maintenant ?

31

Le rebondissement de trop.

Celle que les journalistes qui s'intéressent à ce genre d'actualités, toujours aussi finauds, présentent comme la vraie dernière compagne de Charb, contrairement à la précédente et en attendant d'en découvrir une autre, trouve utile de faire son demi-coming out ; le demi consistant à s'épancher dans la presse en utilisant un pseudonyme suffisamment ambigu, Valérie M., pour nous confondre, et faire sonner mon téléphone pendant des jours.

En prime, racontant n'importe quoi.

La folie nous guette tous, je le sais, au moment même où je plonge dans un mouvement de colère disproportionné et incontrôlable qui se déverse sur la pauvre Valérie M.

La paranoïa, le ressassement, le désespoir, la solitude immense.

Le dernier rendez-vous chez le vétérinaire a été fatal au gentil chat. Il n'y a plus qu'à le piquer, je ne vais quand même pas lui retirer la moitié de la tête ! dit le docteur. Je m'effondre en larmes en bredouillant que c'en est trop. Que voulez-vous faire, demande-t-il pour m'apaiser. Si vous préférez, vous pouvez le ramener chez vous ce soir. Vous reviendrez quand vous serez prête.

C'est la première fois qu'on me demande mon avis sur le timing.

Je rentre toute seule et l'appartement est vide. J'écris à Pelloux – dans ces cas-là, il faut écrire à Pelloux.

Le petit chat est mort.

Réponse laconique :

Et merde.

32

Je danse au bord du canal, je chantonne des phrases de Beckett comme une comptine,

Le fanal est dans le canal,

Les grains s'ajoutent aux grains, un à un, et un jour, soudain, c'est un tas, un petit tas, l'impossible tas ;

Je suis ivre morte sur le canal Saint-Martin. C'est l'hiver gelé de la mort de 2015 qui n'est peut-être pas si différent d'autres hivers de mort qu'on a connus. L'hiver de la mort de Mano Solo ce n'était pas joyeux non plus, on chantonnait aussi le jour de son enterrement dans les allées du Père-Lachaise

Janvier
À ma fenêtre
Je regarde la rue
Où sont passés les êtres ?
Un rayon de soleil ne serait pas superflu.

Il y avait tout ce que Paris compte de punks à chiens à l'enterrement de Mano, lui qui aimait tellement les chiens, et Cabu au milieu de tout cela, hébété, devant le cercueil en coton bio recyclable de son fils et parmi cette foule de gens qui l'aimaient comme un prophète. Cabu, aussi connu qu'il ait été de son vivant, n'a jamais eu les fans qu'avait Mano. Jamais eu ce rapport fusionnel, vital, avec son public. Tout au plus les trentenaires qui avaient grandi avec Récré A2 venaient-ils le voir en dédicace, émus comme quand on retrouve un ancien instituteur qu'on adorait. Qui aurait pu penser que les rues de Paris se couvriraient de son portrait, de sa coupe au bol qui avait incarné l'insolence et la légèreté des années 1970.

Titubante sur le canal j'avise un punk à chien mais sans chien, je veux dire par là que lui avec ses bras noueux et son visage émacié il a une tête à avoir un chien de ceux qui marchent le long du canal comme moi. Bref. Peu importe. Il me salue comme s'il me reconnaissait, sans doute l'ai-je regardé comme si je le connaissais, nous sommes tous deux à la fois embués et polis. Je le trouve beau. Il m'emboîte le pas sans chercher à parler, m'accompagne en me serrant de près, d'un peu trop près, je suis agacée de la banalité sexuelle de ce contact insistant mais, après tout. Pourquoi pas. Comme si j'en avais encore besoin, le type achète des bières à emporter. On marche de plus en plus vite, vers je ne sais où, dans le quartier de la gare de l'Est. Soudain l'hôtel. Je suis sans volonté, sans désir, mais j'ai froid et bizarrement envie de lui, non-sexuellement envie de lui, envie de la confrontation avec ce double trouble.

Je suis nerveuse et j'ai presque envie de me battre, de lui taper dessus, de pleurer aussi, encore, comme tous les soirs, mais l'alcool pèse et mine de rien il y a une fascination pour ce type qui ne parle pas, rien d'inutile, qui me toise, qui pourrait me faire peur si la peur avait prise sur moi ce soir. Non que j'aie confiance en lui. Il m'échappe. Mais le seul désir qui me travaille à présent est celui d'aller au-devant de lui, quoi qu'il arrive ; en espérant qu'il arrive quelque chose à la hauteur de cette prise de risque, quelque chose de terrible.

Il n'y a pas de capote. Ni lui, ni moi ; ni l'hôtel. La messe est dite.

Il me murmure très calmement que ce n'est pas grave, qu'il va faire attention, il est enveloppant et doux et je suis un pantin abandonné et plus que consentant : sacrificiel. Il m'embrasse. Prend son temps. J'ai de plus en plus mal au ventre et la tête qui tourne méchamment, je me tourne pour ne plus avoir à faire avec ses baisers envahissants. Tout lui va. Il me pénètre comme il peut vu mon état, mon corps si maigre et trop sec, et la douleur est immense, à couper le souffle, mais je ne l'arrête pas, je m'enfonce la tête dans la brûlure physique, le déchirement du cerveau, je ferme les yeux et tout tourne un grand tour, je rouvre, je vois sa main posée à côté de mon visage elle est pleine de sang. Mon sang.

L'image de l'ange noir, le danseur aux mains ruisselantes, flotte à la surface de ma conscience vacillante.

À 4 h 48 la mort viendra taper à ma porte et je saurai l'accueillir.

33

Le vrai psychiatre se frotte le menton et attrape ses précédentes fiches.

Non je ne crois pas que vous m'ayez parlé de ce punk à chien comme vous dites, qu'est-ce que c'est que cette histoire ?

C'était quand je venais beaucoup à Paris, après les enterrements, quand j'avais besoin de les voir souvent mais c'était très dur, vraiment dur. Je buvais tous les soirs, je n'arrivais pas à dormir, j'étais un robot sans instructions. Un soir je me suis suicidée ; j'ai cru que j'allais mourir et j'étais d'accord, mon corps s'est abandonné. Le sang coulait et je me suis endormie.

Le psychiatre ne note pas. Il me regarde comme si cela avait eu lieu hier, et qu'il cherchait à parer au plus urgent. Il hésite, Vous avez fait des tests ?

Oui, oui. Le doc m'a récupérée le lendemain. J'ai pris le traitement préventif contre le sida, j'ai été malade, mais malade. J'ai vomi matin et soir pendant deux semaines, perdu encore du poids si c'était possible, dormi 18 heures par jour, ça m'a remise à zéro.

Le psychiatre me regarde avec une grande douceur. Ça me semble loin. Je me sens mieux. J'ai honte de l'accabler avec tant de pathos, j'aurais envie de le faire rire.

La cerise sur le gâteau, ç'a été deux semaines après. Je m'aperçois que j'ai presque fini l'un des médicaments de la trithérapie. Je vais à la pharmacie demander une autre boîte pour finir le mois. Et là, il s'avère que je me suis trompée dans les doses. Que j'ai ingurgité deux fois trop de ces saloperies. Vous auriez dû voir la tête de la pharmacienne. J'ai ri, j'ai dit combien j'avais été malade, elle a confirmé, j'ai juré de ne pas recommencer avec la nouvelle boîte mais elle n'a pas voulu me la donner comme ça, il a fallu appeler le doc. Il m'a envoyée faire des tests hépatiques cette fois. A menacé de me faire hospitaliser.

On ne peut pas dire que le psychiatre rie franchement. Mais je lui suis sympathique. Il me laisse parler et parler alors qu'il est 20 heures passées, qu'il a une alliance au doigt et sûrement autre chose à faire de ses soirées qu'être le premier psy que je rencontre qui me donne tant envie de lui dire la vérité. Trouver les mots pour raconter ce qui m'est arrivé, et les déposer au pied de sa blouse blanche, comme un trophée pour sa bienveillante empathie.

34

J'avais prévu de dîner tranquille avec Pelloux qui sort de son cours de yoga quotidien. Je demande si je dois passer prendre quelque chose. Il a préparé de la soupe aux choux. Je grimace, mais je renonce à proposer de ramener des pizzas, résignée à manger équilibré quand je suis chez lui. Avant, quand je venais à Paris, on avait nos dîners rituels, avec Sylvie, avec Martine et Jean-Luc, avec Charb, du vin et du fromage à La Trinquette ou aux Tonneaux des Halles. Quand on voulait faire chic on allait à l'Osteria Ruggera. Je me rappelle un dîner à quatre à l'Osteria, Charb, Luz, Patrick et moi. Luz déchaîné, hilarant, Pelloux et Charb se renvoyant la balle, je crois n'avoir jamais autant ri de ma vie, autour de pâtes *alle vongole.* Les tables d'à côté nous supportaient péniblement mais les patrons ne disaient rien parce qu'on était des habitués, parce qu'on avait commandé quasiment toute la carte. À chaque accalmie Patrick hélait le serveur d'un tonitruant Amis, buvons !, il remplissait nos verres mais lui ne buvait rien parce qu'il bossait tôt le lendemain, on protestait bruyamment sans succès et il recommandait. De ce dîner je garde l'image de Luz bondissant sur la table des voisins pour saisir à pleines mains le bouquet de fleurs qui trônait au milieu et commencer à le manger, Charb enlevant ses lunettes pour se cacher les yeux et pleurer de rire, Patrick apaisant dans un anglais caricatural les touristes à côté en leur disant de ne pas nous en vouloir et qu'on avait eu une longue journée. La farandole interminable des plats que Charb voyait arriver en disant Ça va jamais entrer. Et le *running gag* Amis, buvons. Mais désormais c'est 2015 et avec Patrick nous dînons frugalement, chez lui, en tête à tête. On est bienveillants envers nos silences, notre tristesse, notre ennui. Il se frotte le visage et murmure comme pour lui, Qu'est-ce qu'on se prend dans la gueule, quand même.

Le temps de traverser Paris et d'arriver, je le retrouve survolté. S'habillant d'une main, l'autre au téléphone, la télévision branchée sur BFM.

On échange à peine quelques mots, attentats, des morts, ça recommence. Il file au Samu et je m'assois dans le canapé, avec la soupe aux choux sur le feu, comme hypnotisée. Les cadres des dessins qui décoraient les murs de l'appartement n'ont pas encore été remis en place, la vie n'a pas repris son cours ici ; et pourtant déjà, le même hoquet infernal.

Des amis m'avaient raconté la sidération télévisuelle vécue les 7-8-9 janvier, à laquelle, happée par l'événement, j'avais complètement échappé. Cette fois je suis dedans. J'ouvre internet et je surveille l'apparition des nouvelles en stéréo, sur BFM, Libé.fr, les réseaux sociaux et par téléphone. J'apprends via Twitter que le match continue sur TF1 malgré l'évacuation du président, je zappe pour vérifier, je prends une photo du téléviseur pour la mettre sur Facebook. Tout tourne en boucle et à vide.

Des amis appellent pour vérifier que tout va bien. On hésite à se rejoindre, on décide de rester chacun chez soi. Laure est coincée dans une librairie du 3e, rideau fermé. Deux copines sont bloquées sur le toit de *Libé*. On ne sait pas ce qui se passe au Bataclan.

Plus tard dans la soirée Facebook m'indique que je suis dans la zone de l'attaque, et que je peux utiliser le réseau social pour signaler que je suis en sécurité. Je clique ok. Aussitôt se déroule la liste de mes contacts qui sont également signalés en sécurité ; et ceux qui ne le sont pas. Je clique sur les noms de ceux à qui j'ai déjà pu parler et je garde cette fenêtre ouverte, cette liste de noms familiers, des dizaines en suspens, qui disparaissent de la liste au fur et à mesure qu'ils se manifestent ou sont déclarés à l'abri par leurs proches.

Des messages circulent demandant des nouvelles de telle ou telle personne qu'on n'arrive pas à joindre.

Le numéro du danseur aux mains de sang s'affiche. Je décroche, j'entends sa voix presque oubliée. Il vient de voir Facebook. Je suis à Paris ? Lui aussi. On est même voisins. Quelle nuit. Il s'inquiète de moi, comme si c'était un soir pour reprendre contact et se donner des nouvelles de tout et de rien. On promet de se rappeler le lendemain.

Fascinée par les écrans, les heures défilent sans que je bouge du canapé. Quand au petit matin Patrick rentre de garde, je suis un zombie aux yeux dévastés. Je ne trouve pas les mots. Il avale ses gouttes pour dormir, et met un réveil pour retourner à l'hôpital dans quelques heures. Je reste à ma place.

35

Et cela continue encore toute la journée qui suit.

La liste des disparus Facebook a considérablement diminué, restent quelques personnes qui semble-t-il n'utilisent simplement plus leur compte. On est encore sans nouvelles d'Untel qui était au Bataclan. Par capillarité, nombre d'amis connaissaient des victimes. Une collègue, désemparée, me demande le numéro de mon psychiatre thaumaturge. Je m'avise que j'ai justement rendez-vous avec lui ce lundi, qu'il aura sans doute mieux à faire. Il y a désormais des dizaines et des dizaines de morts, un traumatisme profond pour la ville qui ne défilera pas par millions cette fois, barricadée derrière ses drapeaux aux fenêtres. L'impression que le 13 novembre a balayé les attentats de janvier et leur petite vingtaine de victimes. Je profite d'écrire au psy pour lui adresser mon amie et lui proposer d'annuler notre rendez-vous vu les circonstances. Il me répond, Au contraire, vous venez lundi. Mais essayez plutôt d'emmener votre amie aux CUMP de l'Hôtel-Dieu.

Au bas de l'immeuble, la rue d'ordinaire animée est désertique. Quand, samedi en fin de journée, les premiers courageux s'installent en terrasse, on a envie de les applaudir, de leur jeter des fleurs.

Dimanche. Devenue une sorte de réincarnation d'espion de la Stasi avec mon campement installé face au téléviseur, ordinateur dans l'axe, téléphone branché au secteur pour ne pas le laisser se vider de sa batterie, je vois les images des premiers rassemblements sur la place de la République.

Je ne suis pas sortie depuis deux jours. Il gèle, Paris est raide et nerveux, comme électrocuté. Je prends le métro pour quelques stations quand, toujours rivée au portable, je lis qu'il y a des coups de feu à République. Dispersion du rassemblement dans un mouvement de panique générale. Sur Facebook, des amis demandent ce qui se passe, certains donnent leur position, dans tel bar du Marais, nous sommes barricadés, on a vu des gens courir, que se passe-t-il ?

Je descends du métro à Barbès. Je ne sais pas bien quoi faire.

Les appels au calme se multiplient, apparemment c'était une fausse alerte – mais je tremble. Je me sens idiote, ridiculement bravache, d'avoir voulu y aller. « Même pas peur », c'était trop vite dit.

Je rappelle le danseur. Il est dans le quartier. On convient de se retrouver à la brasserie Barbès, seule ouverte sur le boulevard – et encore, symptomatiquement, seul le premier étage accueille des clients, à l'abri d'un éventuel tir sur la terrasse.

Il me rejoint et s'installe en regardant autour de lui, épluche les couches d'écharpes et de polaires qui lui tiennent chaud, Tu te rends compte dans ce quartier, ici, à Barbès, ils ont réussi à faire une brasserie où je suis le seul Noir parmi les clients.

Il balaie lui-même le sujet de la main, sa main qui ne ruisselle pas de sang comme dans mon souvenir mais qui est longue et fine, des ongles de musicien, les lignes de vie, de chance, d'amour harmonieusement tracées. C'est comme s'il avait marmonné pour lui seul et qu'il venait de m'apercevoir, tout sourire : Comment tu vas ?

Sa beauté spectaculaire, émouvante, son regard chaleureux, c'est un shoot d'hormones vitales parfaitement décalé dans ce moment de crispation collective. Il est calme, d'humeur plutôt joyeuse, à l'aise dans cette atmosphère désaxée. Il me montre un nouveau mot d'ordre qui circule sur le net, déclinaison du slogan de janvier, en blanc sur fond noir : « Je suis en terrasse ». Ça le fait rire, et moi aussi.

Il parle des attentats très simplement, avec l'empathie de ceux qui n'ont pas besoin de dramatiser. Comme pour se justifier, s'excusant presque de dire que tout cela, l'état d'urgence, les flics partout, les salles de spectacle fermées, lui semble prendre une bien mauvaise direction : Tu sais, mon pays aussi a été dévasté par la guerre.

Je pense aux mots de Patrick Chamoiseau :

Notre sécurité n'est pas une forteresse.
Elle n'a de « civilisation » que ce qu'il y a de meilleur.
Elle fréquente la beauté.

36

J'accompagne Isa paumée, affolée, aux urgences psy de l'Hôtel-Dieu. La file d'attente est éclectique, résignée à regarder des épisodes de *Malcolm* passer sur l'écran de la minuscule salle où il n'y a pas assez de place pour tous, certains patientent en fumant sur le parking devant la sortie des camions de pompiers. L'agent d'accueil présente une ressemblance troublante avec Obama, on se demande ce qu'il ferait là mais en fait pourquoi pas, et s'il était venu spontanément apporter son aide à la France meurtrie, mettre à disposition son charisme rassurant et ses compétences en matière d'organisation et de gestion des foules ? Il fait remplir à tout le monde des fiches d'entrée et de sortie et ça marche, les gens restent calmes. Je le regarde avec affection, souvenir lointain de cette nuit de 2008 où l'on avait veillé jusqu'aux résultats de l'élection pour ouvrir le champagne à 5 heures du matin. Je dois lui sourire bêtement car Isa me dit Arrête.

Un infirmier vient de temps en temps appeler les patients deux par deux, ça s'enchaîne, c'est au tour d'Isa et d'un type mal assorti. Je me prépare à attendre en silence, me forçant à ne pas me raccrocher au fil de l'info continue sur mon portable. Se concentrer sur *Malcolm*, les facéties d'une irritante fratrie de sales gosses qui font l'effet d'une fenêtre crâneuse sur un autre monde dans lequel les wasp américains n'ont pas nos problèmes.

Cela ne dure guère, Isa ressort rapidement, nous entraîne dehors, envie de marcher, envie de parler, de crier presque.

Il paraît que si tous les proches des victimes se mettent à se présenter aux urgences, on ne va pas s'en sortir.

37

Au théâtre dès la réouverture des salles au public, le lendemain, on retrouve des amis, tous sonnés, assommés par la parano sécuritaire du moment. On fait la queue comme des moutons sur le trottoir devant le Tarmac pour entrer par la porte de derrière où ils ont installé un vigile et un portique à la noix. La directrice du lieu fait un discours digne de l'appel du 18 juin, nous faisant passer, nous tous réunis au chaud dans nos fauteuils ce soir de novembre 2015, pour des résistants en pleine réunion secrète de préparation du débarquement.

Je me rappelle être venue dans cette même salle avec Charb, à l'occasion d'une journée consacrée à Fanon, une adaptation des *Damnés de la terre* suivie d'une conférence. Taubira était annoncée parmi les invités, mais entre-temps s'était emballée une polémique hors de contrôle, suite à la une de *Minute* la comparant à un singe, point d'orgue d'une série de dérapages indécents de violence, de racisme et de vulgarité. On ne savait pas si Taubira viendrait, mais la salle était pleine à craquer, fébrile, prête à en découdre. Le même sentiment de fraternité et de résistance collective que ce soir de novembre. Quand la ministre était apparue, tout le monde s'était levé dans un tonnerre d'applaudissements fervents. Nous étions émus de la voir, et l'ovation lui signifiait notre chaleureuse, bien qu'impuissante, solidarité.

Taubira était rayonnante. Elle avait plaisanté sur l'enthousiasme de l'assistance. Cité Fanon sans notes, le passage de *Peau noire* sur le vocabulaire zoologique utilisé pour déshumaniser l'Autre. Elle avait fait remarquer – c'était inutile – que les temps n'avaient pas tellement changé. Que le racisme était mort, déjà dévitalisé, et qu'il nous appartenait de le faire savoir.

Coïncidence, ce soir de novembre, c'est le même comédien sur scène que celui qui jouait dans l'adaptation des *Damnés* il y a quelques années. Le plateau est recouvert de vêtements de sapeurs, ces fringues colorées ultrachic que portent les dandy congolais. Lui divaguant parmi les habits déchirés, chaussures abandonnées.

Tous ces cadavres, au milieu de toutes ces cravates.

En sortant de la pièce Dieudonné Niangouna, rencontré autrefois, ailleurs, à Brazzaville, m'attrape au vol.

Tu as senti la différence, ce soir ? Les Parisiens ne voient plus rien comme avant. Il n'y a plus d'exotisme dans notre histoire. Maintenant, *vous aussi vous savez* ce que c'est qu'une kalachnikov.

38

Brazza, où l'inventivité des créateurs en territoire hostile est sans limite. Nous étions une vingtaine de spectateurs tassés dans un minibus qui circulait dans la ville occupée par les militaires. La metteuse en scène en voix off avec son micro, assise à côté du chauffeur. Un comédien près de la porte, ballotté par les cahots de la route, débite un texte virulent sur la situation du pays, aux mains de Sassou-Nguesso depuis plus de 30 ans. Le paysage urbain défile aux fenêtres et sa décomposition acquiesce lourdement.

Dans le bus le débat est vif; pas de quatrième mur dans une mise en scène comme celle-ci, et le sujet délie les langues. On s'échauffe sur la corruption : est-elle causée par la pauvreté ? Dieudonné se lève, la Ngok à la main, et proteste avec emphase : L'intégrité est une question de personnalité, et la personnalité ça se travaille ! C'est quand tu n'as pas de personnalité que tu es corrupteur, et corrompu.

Est-ce le fait qu'il soit debout à faire des grands gestes avec sa bière qui attire l'attention des militaires ?

Des soldats s'approchent, jettent un œil au convoi – un bus comme il y en a des centaines dans cet embouteillage. Remarquent une caméra.

On n'a pas le temps de quoi que ce soit, ils déboulent, arrêtent le véhicule, montent dedans la kalach arrogante, visent l'homme à la Ngok, réclament la caméra. Une extrême confusion, tendue entre ceux qui veulent obéir sans discuter et ceux qui tentent de négocier, s'installe. Le militaire à la kalachnikov me semble inaccessible à toute discussion. Les yeux exorbités, menaçant, évidemment dangereux. L'évaluation de la situation m'échappe complètement. Les réactions de mes voisins me semblent déraisonnables et pourtant, sans plus de raison apparente que ça n'avait commencé, les militaires sortent du bus et nous font circuler comme si de rien n'était.

Le groupe se relâche. On sort de sous les sièges des bouteilles de bière et même des chips, on trinque et la metteuse en scène reprend le fil de la performance en remerciant ironiquement les agents de Sassou pour leur contribution au débat. C'est dans une atmosphère de joie électrique que nous sortons du bus quelques minutes plus tard, survoltés.

Ce soir de novembre où je le retrouve en sortant du théâtre à Paris, Dieudonné Niangouna n'a rien perdu de sa jactance. Il prêche pour le théâtre comme arme de corrosion massive. Le théâtre pour la vendeuse de cacahuètes du marché, pour le gamin de Bacongo, pour les radicalisés des cités françaises. Qu'on nous extermine tous, pourvu qu'ils nous trouvent sur scène.

Et même s'il n'y a que deux comédiens pour mille renoncements,

Très bien.

On les encercle.

39

J'assiste à l'inauguration d'une exposition consacrée à la représentation de l'Algérie coloniale.

Le ministre de la Culture algérien salue publiquement l'importance de l'événement pour l'élaboration d'une histoire partagée entre les rives de la Méditerranée. Il glisse aussi un mot de compassion envers la France, meurtrie par des attentats dont les Algériens gardent, depuis la guerre civile des années 1990, le souvenir sanglant... Dans cette blessure algérienne, il y a plus que le deuil des victimes innombrables. Il y a le souvenir du silence international, de l'isolement, de l'abandon, de l'enfermement sur un territoire devenu charnier à ciel ouvert.

Un historien algérien que j'estime, surpris de me rencontrer ici quand il me croyait ailleurs, me salue de quelques mots de Frantz Fanon que nous aimons l'un et l'autre, comme une main tendue. Connivence de courte durée. Profitant du contexte plus informel de cette fin de soirée, il m'avoue une gêne qui le taraude depuis nos derniers échanges, il y a quelques mois. Depuis février 2015, précisément. À l'époque, mon mail portait en signature un logo *Nous sommes Charlie*. Ceci a été mal pris par mon interlocuteur, qui l'a trouvé déplacé. Surtout, souligne-t-il, dans le contexte d'une collaboration internationale entre les deux rives de la Méditerranée.

Il y a donc des morts dont j'aurais dû avoir honte de porter le deuil.

Quelques jours plus tard, dans une conférence sur les attentats de Paris, une Tunisienne présentée comme « spécialiste des libertés fondamentales » revient sur la question des caricatures de Mahomet. Elles offensent bien sûr tous les musulmans, tient-elle à redire. « Nous sommes *très pour* la liberté d'expression, mais... il s'agissait là je dirais presque d'un manque de politesse, de courtoisie. »

Depuis des mois que, comme satellisée, je cherche à me remettre au cœur ce *nous* qui m'échappe, dont les bords me coupent et me blessent, les intellectuels m'aliènent, me déchirent toujours davantage. Et qu'ils se targuent de ne pas se laisser piéger par l'émotion, par la vérité qui semble trop évidente pour leur cerveau tortueux et qu'ils cultivent, à l'inverse des voyants rimbaldiens, leur âme de monstres insensibles.

L'insanité chronique des sains d'esprit qui révulsait Sarah Kane me saute aux yeux.

Ô mon corps, me souffle Fanon depuis sa tombe de déraciné, de transfuge, de guerrier-silex, fais de moi toujours un homme qui interroge.

Les artistes me manquent.

40

Quelques semaines plus tard, j'ai l'occasion d'en parler avec des amis. Je suis calmée, prête à entendre ce qui ne me plaira sans doute pas, et ça ne manque pas : la conversation dérive sur une polémique en cours d'inflation autour d'une tribune publiée par Kamel Daoud, iconique écrivain oranais pas passé loin du Goncourt l'an passé, aussi fièrement arboré que détesté par les Algériens, qui a osé suite aux agressions de Cologne décrire les hommes du monde arabe comme des infirmes de la mixité dans l'espace public.

Remettre en cause cette évidence pour un pays comme l'Algérie, que nous connaissons tous autour de la table et où il ne viendrait à personne l'idée de laisser une femme rentrer seule le soir à pied, n'est apparemment pas le problème : certains s'accordent malgré tout, par un mélange de fierté blessée et de mauvaise foi revancharde, pour accabler l'islamophobie française et l'aliénation carriériste de Daoud.

Un groupe d'universitaires a signé en réponse à Daoud une tribune l'accusant de recycler des clichés orientalistes dangereux pour les immigrés, dans le contexte tendu de la France post-attentats. Je suis surprise, un peu triste, de voir parmi les signataires des noms familiers. J'ai justement été voir l'adaptation du roman de Daoud l'été dernier à Avignon avec une de ces universitaires ; une autre est à notre table ce soir. Elles ne me paraissent certes pas malveillantes, et sont sincèrement outrées de voir les figures de proue de la littérature algérienne qui s'exporte en France tirer dans le dos de leurs compatriotes. Mais la discussion est complètement impossible, les belligérants sur deux planètes différentes. Daoud vit sous la menace d'une fatwa depuis des années ; il a annoncé ne pas vouloir en plus ferrailler avec l'intelligentsia française et se retirer de la scène médiatique. Les signataires crient au chantage, et clament que si c'est ainsi toute contradiction est désormais impossible. Valls s'en mêle, *Charlie* traite les universitaires de terroristes, les articles de blogs, soutiens politiques à l'un et l'autre bords, messages et menaces sur les réseaux sociaux pleuvent et ne font qu'ajouter à l'emballement abrutissant.

Peut-être, en effet, en est-on là du sacro-saint débat démocratique pour lequel nous défilions le 11 janvier.

41

J'ai encore dans ma bibliothèque un livre que je ne lui ai jamais rendu. Il me l'avait amené en disant,

Tiens, ça va te plaire c'est une fable très *peace and love,* faites du théâtre pas la guerre, tout ça tout ça. Un groupe multiconfessionnel qui monte *Antigone* sur la ligne verte à Beyrouth. En plus l'héroïne se suicide, tu vas adorer.

La page de titre comporte une dédicace de l'auteur : *Pour toi, mon Charb, cette épouvante.*

Ce soir de 2015, je vais voir une pièce intitulée *Antigone of Shatila,* relecture de la tragédie antique par des réfugiées syriennes du camp de Chatila, au Liban, tristement connu pour les massacres perpétrés en 1982 et rapportés dans tant de reportages et de livres, notamment celui-ci, *Le Quatrième Mur* de Sorj Chalandon.

La fable tragique de Chalandon est une réalité pour ces sept femmes qui ont traversé la Méditerranée et racontent leur histoire dans la langue et les masques d'Antigone, devant une salle comble, avide de les entendre.

Dans la France post-13 novembre, la France de l'état d'urgence, des 45 % au Front national, de la parano antiréfugiés, on peut encore remplir un théâtre de gens venus écouter ce que ces femmes ont à expirer de leur saison en enfer.

L'une d'elles s'assied sur une chaise face à ses sœurs de malheur, et elle parle. Nous sommes des centaines de spectateurs clandestins de ces confidences obscènes. Quand on a l'habitude d'aller beaucoup au théâtre, il arrive souvent de voir un acteur trébucher, oublier son texte, pouffer. Rarement pleurer. Rarement ne plus pouvoir *dire* car justement, le théâtre ne sait pas ne pas parler, le théâtre c'est ne pas laisser la place à l'innommable.

Quand on croit, comme c'est notre cas à tous dans la salle puisque nous sommes là malgré ce qui se passe dehors, à la catharsis comme d'autres au Saint-Graal, on n'est pas prêt à voir une femme qui vient accomplir le rituel sacré du théâtre tomber, pour de vrai, sous nos yeux. Le silence est irrespirable pendant qu'elle reste là, bouche bée. Quelques applaudissements. De plus en plus d'applaudissements qui la ramènent jusqu'à la parole. Elle pose la main sur son cœur pour dire merci et elle articule, Depuis que je suis devenue mère de deux martyrs, ma vie est devenue un enfer.

Le mot fait vaciller la salle.

Elle raconte le téléphone qui sonne, le pressentiment atroce, le monde d'avant balayé.

Elle raconte la promenade au bord de l'eau. Le dernier message envoyé par son fils sur whatsapp à une amie, Quelle merveilleuse journée, tu ne sais pas ce que tu rates. Et puis l'enchaînement fatal, une femme qui glisse dans l'eau, le fils qui se précipite pour la sauver. Et qui ne reviendra pas. Un fils mort *en martyr* dans la bouche de cette mère c'est ça, un homme emporté en essayant de sauver une femme qui se noie.

42

Le vieux Cavanna dit qu'il faut bien vivre, puisqu'on ne meurt pas.

S'exposer pour ne pas attendre dans le noir, roulée en boule dans la chambre d'une maison de campagne sur une île isolée, qu'un soir après avoir versé une larme de trop on décide d'avaler tous les médicaments, de s'ouvrir les veines, de se gazer et de se pendre tout à la fois.

Traitement radical contre l'étouffement vital : électrochocs. Variante : Istanbul. Y devenir folle pour de bon, ou pas ; peut-être y retrouver un rythme cardiaque de vivante.

Je dévale la rue pavée vers le Bosphore. Un ami de Montréal qui a embarqué dans mon voyage en entamant la lecture d'une *Histoire de Constantinople* m'écrit, un peu effrayé : Tu marches dans des rues tellement pleines de sang. Tout est encore là pareil qu'avant, j'ai du mal à le croire mais je suis déjà venue ici autrefois, un avant si peu loin que rien n'a changé. Ces pavés en ont vu passer d'autres des vivants et des morts.

De dos au milieu du café noir de monde, je le reconnaîtrais entre mille. S'est laissé pousser la barbe et les cheveux. J'aurais pu le dessiner avant de venir je l'aurais fait exactement comme ça, debout en équilibre instable, les épaules en arrière, le regard posé ailleurs pendant qu'il écoute deux clients qui lui parlent, qui lui montrent une carte ou je ne sais quoi, il a l'air très concentré et tellement tellement turc.

Il me capte, tend un bras de bienvenue en décrochant un sourire d'excuse aux touristes, me serre contre lui ; je suis arrivée.

Coffee ?

Je dis oui, j'ai le ventre noué de le revoir au milieu de tous ces gens, je dis que je l'attends dehors avec une cigarette.

Je m'assois sur les marches de la rue pavée, il fait beau comme avant, j'ai passé tellement d'heures j'ai pris tellement de cafés ici que j'ai l'impression que le vendeur de souvenirs en face me reconnaît, mais peut-être pas, peut-être qu'il salue simplement les touristes, ou les filles. C'est ce qu'ils font ici. Je fume compulsivement, je compte les clients qui sortent. La cigarette et le stress me déchaussent les dents, je tremble comme une feuille mais je suis là, la tête dans le caisson de batterie Istanbul ; il n'y a plus qu'à danser maintenant.

Enfin il fait son apparition, il me tend une tasse de la main droite pendant que la gauche allume une clope et j'ai envie d'alpaguer les touristes pour l'applaudir, pour le remercier de n'avoir pas perdu sa grâce chaloupée.

Il reste là debout, prend son temps à me dévisager comme ça avec sa clope et ses tatouages sans rien dire. J'allume une autre cigarette pour éviter de briser la glace. Dans ses yeux il y a de la douceur, de l'inquiétude aussi. Je crois que j'aurais aimé, que j'espérais qu'il fasse comme si de rien n'était. Qu'il ait ce pouvoir d'ignorer ce qui s'est passé, de décréter que ça n'a aucune importance, pas de réalité, et qu'il n'en tienne même pas compte. Qu'il me dise que je n'ai pas changé non plus.

You started smoking so much.

Je fais un geste qui balaie tout ça, les fantômes qui sont là parce que je n'arrive pas à les semer mais que j'enfume pour les estomper un peu.

Il jette un coup d'œil à l'intérieur du café et il a l'air de trouver que les gens peuvent se débrouiller sans lui alors il s'assoit à côté de moi. Tout près. Son épaule touche la mienne, et tout son bras jusqu'au coude. Je pose la tête, j'ouvre la main pour qu'il y mette la sienne.

Du doigt, il me caresse le poignet.

What happened here ?

La peau blanche, trop blanche peut-être. On voit les veines bleues et violettes, les tendons saillants. Rien de particulier il me semble. On dirait qu'il dessine des entailles qui n'existent pas.

Ses doigts font le tour du poignet et se ferment.

You weren't that thin before.

43

Qu'est-ce qui s'est passé ? Comment décrire l'effondrement, le poids infernal du souvenir et de la culpabilité, la peur d'être si radicalement changée que je ne sache plus retrouver qui je suis, revenir où j'étais.

Quand il se réveille au milieu de la nuit il me trouve accoudée au garde-fou à contempler le Bosphore. Je le préviens, Attends-toi à ce que je zone toutes les nuits.

Je ne mange pas, je m'enfume, je m'assomme de médicaments pour dormir, d'autres pour me calmer et d'autres encore pour me soutenir, je noie tout ça dans l'alcool. C'est un miracle d'avoir tenu jusqu'ici.

Je voudrais vous écouter parler d'autres choses, de la vie qui continue, rire, faire l'amour, dormir et me réveiller ce jour où ce sera devenu supportable. Fais-moi taire si tu peux ; hurler sans bruit au moins ; écrire.

44

Beer, wine, whisky, raki... ?

Les mains se lèvent pour des bières, les douces Bomonti d'Istanbul ; je demande un verre de vin.

Someone is French, commente-t-il à part lui, amusé, en ouvrant le frigo pour sortir une bouteille. Il me la montre, une Sarafin, je reconnais mon vin préféré et j'acquiesce, je ronronne de connivence. Les cépages de blancs turcs sont encore là. Les soirées à discuter sur le balcon en regardant la lumière tomber sur la rive asiatique vont ressusciter. Presque rien n'a changé ici, autour de ce zinc familier, si ce n'est ce coin de journal qui dépasse sous le comptoir, que je reconnaîtrais entre mille, le numéro vert de *Charlie*, « Tout est pardonné ».

Il n'a sans doute pas pu acheter ça ici, à Istanbul. Quelqu'un lui a ramené. Son premier numéro de *Charlie,* bien sûr. Je me souviens avoir essayé de lui expliquer, les caricatures de Mahomet, l'incendie, la vie sous protection, avant. Quand personne ici à Istanbul ne connaissait *Charlie*, lui pas plus que les autres. Il écoutait pensivement, perplexe.

Je ne savais jamais comment présenter mon travail auprès des étrangers que je rencontrais en voyage. Ferrailler auprès des gauchistes français n'était pas un problème, je savais où je mettais les pieds. L'amant turc est musulman comme moi je suis chrétienne ; pourtant j'étais mal à l'aise. Auprès de ses amis, quand on me demandait ce que je faisais en France, je répondais simplement éditrice, ou journaliste. *Comics publisher,* au plus.

Je me souviens avoir botté en touche lors d'un dîner où un barbu genre hipster aux lunettes de graphiste m'avait interrogée sur mes activités. Nous venions d'échanger sur nos lectures d'Edward Said. Je lui avais parlé de Fanon, de Césaire. Il était curieux, notait les références, demandait si des traductions existaient. Je couvais le lien neuf de la rencontre avec ce type sympathique, brillant, et j'avais peur de le briser si j'affichais *Charlie* bille en tête. Lâcheté, trop longue expérience des débats minés sur ce sujet ; peut-être aussi, cette fameuse « courtoisie » qui paraît-il nous manquait à *Charlie*. L'amant, me semblait-il, m'approuvait en silence d'esquiver la question.

Aujourd'hui ce Stambouliote à qui je n'avais pas simplement osé dire qui j'étais pour qu'il ne me rejette pas est assis à côté de moi, autour de ce zinc d'où un coin du *Charlie* des survivants dépasse. Il me demande depuis quand je suis revenue à Istanbul, pour combien de temps, pour quoi faire. Que dire. Que je suis revenue parce que les frères Kouachi ont voulu nous l'interdire, ces soirées à boire, à fumer, à rire, à rêver ensemble, notre anglais qui détricote le choc des civilisations, la sensualité qui annule toutes les apories.

Je dis que je suis venue écrire.

Istanbul est un bon endroit pour écrire, il approuve. J'ai lu *L'Homme désœuvré* d'Atilgan, exactement. Je veux être la lenteur millénaire de cette ville, électrisée par le XXIe siècle qui l'inonde de sa jeunesse, de sa détresse, sa joie, sa religiosité ; je veux l'impatience de ses générations, la mélancolie de ses auteurs.

Il hoche la tête, hésite un peu. Au regard que lui jette l'amant, je comprends qu'il sait. Il dit qu'il est désolé pour mes amis que j'ai enterrés. Il n'aimait pas *Charlie* et tout ceux qui avaient d'après lui mis de l'huile sur leur brasier à eux sans rien y connaître, rien comprendre à la réalité de la vie ici, qu'il tient pour responsables de la dérive de la Turquie vers l'islam ; mais bien sûr, il compatit.

Il demande, à moi qui les connaissais, comment ils étaient. Pas envie de polémiquer, encore moins aujourd'hui qu'autrefois. Mais n'ayant plus de place pour esquiver, autant être catégorique.

Funniest guys ever. And smart. Curious. Friendly.

Mon verre est vide et je tends la main vers la bouteille, l'amant me précède et me ressert. Il demande en riant à son ami s'il sait que les Françaises, quand elles sont bien élevées, ne se servent pas elles-mêmes à boire. Une histoire de quand j'étais ado, treize-quatorze ans, à un déjeuner de famille. On était en bout de table, avec ma cousine, et personne ne s'occupait de nous. Alors on a pris la bouteille et on s'est servi. Fureur de mon père qui m'a prise à part, et m'a fermement interdit de refaire jamais ça, combien c'était déplacé et vulgaire pour une fille, surtout devant mes grands-parents.

Ce jour-là, un peu puérilement mais je n'en suis jamais vraiment revenue, j'ai mis au sommet de mon devoir d'émancipation de pouvoir me servir moi-même à boire.

Quelques années plus tard, ayant franchi deux ou trois étapes supplémentaires dans le vaste monde des interdits, je déjeunai avec ma grand-mère, à cette même table où mon père m'avait fusillée du regard. Nous étions toutes les deux, un après-midi d'été. Elle m'a demandé si je voulais du rosé. Je l'ai regardée nous servir, éblouie, réconciliée. J'ai raconté ce souvenir lointain. Elle a haussé les sourcils et répondu simplement, Quand il n'y a personne pour servir il faut bien que quelqu'un le fasse.

L'amant se marre. Le monde est fou. Même la France, *la Mekka for us !*

45

Les débats sur le féminisme étaient des plus houleux à *Charlie*, presque pires que ceux sur la chanson française. Quel que soit l'angle. Chacun, dans cette vieille caserne à putes, s'était péniblement converti à la mixité dans le travail.

Être une jeune femme à *Charlie* n'avait pas été tous les jours évident, pourtant je n'étais pas particulièrement pleine d'illusions sur le comportement des hommes à notre égard – même ceux dont la différence d'âge ne laissait que peu d'ambiguïté de mon côté, ceux de *Charlie* pas plus que les autres. J'avais des poussées de misandrie ou des élans d'affection déçue pour ce groupe de garçons brillants auquel j'aurais tellement voulu appartenir et qui ne laissait pas longtemps passer l'occasion de remettre les filles à leur place de consommable divertissant pour eux, toujours eux au centre, eux entre eux.

Je m'enrôlai dans une association d'actions féministes nommée La Barbe, qui organisait des actions dans les lieux de pouvoir, ou de visibilité publique, occupés par des troupes de vieux mecs blancs. La transgression rendait souvent les hommes ciblés grotesquement hystériques. Je menaçais régulièrement les *Charlie* de les inscrire sur la liste des cibles à venir – le passage de Sylvie Coma à la codirection du journal n'ayant pas été sans mettre en évidence certaines résurgences d'un ancien machisme...

Un soir, alors qu'avec les Barbues nous opérions au Grand-Orient, dans le 9e arrondissement, où sur scène un beau bouquet de vieux mecs blancs dissertaient entre eux sur la marche du monde et de l'Univers, les choses tournent au vinaigre. Le service de sécurité, brutal (viril) nous évacue *manu militari*, certaines activistes sont violentées, les appareils photos confisqués. La police est appelée et moi je préviens Charb qui habite à côté et débarque en quelques minutes, avec ses gardes du corps. À son arrivée, l'atmosphère s'est calmée, nous attendons les policiers de l'arrondissement qui ne semblent pas pressés d'arriver. Charb – à l'époque il n'y avait guère que les chauffeurs de taxi de Pigalle pour le reconnaître – joue le badaud et interroge les francs-maçons qui nous gardent à l'œil. Ceux-ci, amadoués (peut-être simplement, on ne peut pas l'exclure, par sa barbe rousse, la même que celle de Mahomet, comme il disait), se lâchent de quelques remarques consternantes sur les femmes fauteuses de troubles.

Alors que, le lendemain, je raconte la scène à la conférence de rédaction, Oncle Bernard, franc-mac à demi avoué-à demi pardonné, défend mollement ses confrères en contestant nos méthodes et le choix des cibles. L'argument qui fait l'unanimité autour de la table (à 90 % masculine, il faut dire) est que ce mode d'intervention n'est de toutes manières *pas drôle.* L'humour des féministes, tout ça tout ça. Charb, complice, nous attribue malgré tout une demi-page dans le journal, et a déjà fait quelques dessins. Sur l'un d'eux on me voit, petit pantin raide, quitter furax la conversation d'un gros bedonnant qui s'épanche auprès d'un bonhomme-Charb narquois.

L'amant turc aussi est assez suspicieux vis-à-vis du féminisme, qui lui semble se réduire à ce que je n'accepte pas qu'il paie systématiquement au restaurant, que je me braque quand il m'invite à rester tranquille à la maison pendant qu'il travaille... J'ai l'air agressive et égoïste, face à sa généreuse gentillesse qui ne sait plus où se mettre, comme brimée, quand je lui fais remarquer qu'il marche sur mes plates-bandes de femme libérée. Souvent il sourit, s'excuse et me laisse me débrouiller. Parfois il claque la langue, choqué de mon impolitesse. Malgré l'immédiate facilité à vivre ensemble, le confort de notre culture commune, nous nous résignons souvent à ne pas nous comprendre pour ne pas crever certaines tensions. Le fossé culturel a bon dos.

46

Le 7 janvier j'avais reçu ce message de lui, sibyllin : *No words.*

Pas de mots, en effet. La langue est une contrainte supplémentaire. Je ne connais en anglais que des phrases toutes faites, des agencements corrects appris dans une grammaire, des citations dont la musique s'est imprimée dans mon oreille. Cherchant comment lui répondre, l'une d'elles s'est imposée. Quelques vers de Yeats dans lesquels Chinua Achebe avait déjà pu reconnaître l'universelle douleur humaine, plus forts, plus justes, plus profonds que tout ce que ma langue maternelle a jusque-là mis à ma disposition pour décrire ce qui nous arrivait :

Things fall apart ; the center cannot hold ;
Mere anarchy is loosed upon the world.

47

Istanbul m'éclate, me diffracte, m'éparpille, m'externalise. Cette ville est un perpétuel arrachement à ce qu'on croit savoir. Nilüfer Göle dit que quand elle entend la France s'interroger sur son avenir, elle regarde souvent le passé de la Turquie. Le face-à-face entre la bigarrée Sainte-Sophie, la Byzantine aux minarets nationalisés, et la Mosquée bleue dans laquelle les touristes s'amusent à se voiler le temps d'une traversée sacrée et exotique. La république peut-elle absorber l'islam, en turc depuis 1924 ça se dit : *laiklik*.

Une ville où les dévots du monde entier viennent se rouler par terre à la mosquée d'Eyüp, croisant (ou pas) d'autres pèlerins, sécularisés, qui se pressent dans l'ancien palais impérial devenu musée, pour admirer entre autres trésors quelques poils de barbe de Mahomet mais rapidement pour ne pas embouteiller, le gardien de salle fait la visite éclair : Alors là vous avez l'épée de David, le bâton de Moïse, les poils de Mahomet, ne vous arrêtez pas, pas de photos, circulez.

Je serais curieuse de savoir combien de touristes viennent à Istanbul sans sortir de la vieille ville. L'immense majorité ne traverse pas le Bosphore jusqu'à la rive asiatique, où le bateau vous dépose, au choix, sur les banquettes d'Üsküdar au coucher du soleil avec les couples romantiquement (mais pudiquement) serrés autour de leurs tasses de thé ou dans la survoltée Kadiköy, quand les soirs d'été les bars dégorgent sur les trottoirs les fumeurs qui s'assoient à côté des buveurs de bières.

Un matin, l'amant turc m'emmène dans son atelier de Cihangir, proche de Taksim, sur la rive européenne, dite moderne. Des tables à dessin, machines à coudre, outils de découpe et d'assemblage du bois semblent être encore utilisés, mais il me dit que c'est quasiment toujours désert. En 2013, pendant les manifestations de Gezi, alors que l'artère piétonne était régulièrement enfumée par les policiers, les manifestants venaient se réfugier ici. Un groupe d'artistes avait pris possession du lieu, ils étaient alors une dizaine à y dormir. *The best period of my life* – il cherche mécaniquement sous une pile de papiers abandonnés les absents. *Anyway; you can come here whenever you want. Just don't order ice creams to Mado's; they're bastards, friends of the government.*

On est à quelques jours de nouvelles élections législatives en Turquie. Les précédentes ont passé pour un échec pour le gouvernement conservateur : 42 % tout de même pour des élections proportionnelles à un tour, mais pas de majorité suffisante pour modifier la constitution. Et l'émergence inédite d'un parti prokurde et prominorités, y compris sexuelles, qui passe largement la barre des 10 % nécessaire pour avoir des députés au Parlement.

L'amant turc, comme l'intégralité de mes amis ici, vote pour les Kurdes. *What else ?* Mais quelques mois après le coup d'éclat progressiste des dernières élections, 120 morts à Ankara, l'escalade de déclarations immondes contre les Kurdes accusés de tous les maux, des journaux fermés et des journalistes en prison, les nouvelles élections qui se préparent pour reformer le Parlement jouent avec le feu.

L'amant achète sans trop de certitudes de quoi fêter une très hypothétique victoire, ou noyer la défaite. Dès 17 heures, les premiers résultats tombent, accablants. Il n'est même pas sûr que les Kurdes se maintiennent au dessus de 10 % ; le parti au pouvoir remporte la mise de la majorité absolue.

Derrière son bar de la rue pavée, il vide whisky sur whisky et perd progressivement son anglais. Un groupe d'amis s'accroche à Twitter pour avoir les détails des résultats, et les infos d'éventuels troubles dans le Kurdistan, que l'on redoute tous si le moindre indice de fraude était avéré, ou si les résultats du parti prokurde étaient trop faibles pour qu'il soit représenté. L'atmosphère est plombée. Certains décident d'aller boire en Asie, à Kadiköy la gauchiste, d'autres rentrent chez eux.

Les touristes vont et viennent dans le bar, posent candidement toujours les mêmes questions – le prix de ceci, y a-t-il de l'alcool dans tel endroit, où peut-on dîner dans un endroit pas touristique –, auxquelles l'amant répond avec une lassitude que je lui ai rarement vue. La plupart des étrangers ne semblent même pas savoir qu'il y a des élections ce soir, ou s'en moquent. L'un malgré tout, comprenant que c'est ce qui déprime notre assistance, demande s'ils ont peur de l'islamisme qui monte, de Daech.

L'amant secoue la tête,

Not Daesh. We don't even need Daesh, we're committing collective suicide tonight. This is civil war coming.

48

Je prends progressivement mes quartiers dans l'atelier abandonné de Cihangir.

J'y amène mes livres, parmi lesquels *Parce qu'ils sont arméniens,* de Pınar Selek, hommage à l'écrivain Hrant Dink qui avait osé émettre l'hypothèse que l'une des filles adoptives d'Atatürk, l'iconique Sabiha Gökçen, était d'origine arménienne. Condamné à six mois de prison pour « insulte à l'identité turque ». Des manifestations virulentes aux cris de « Soit tu aimes ce pays, soit tu le quittes ». Hrant Dink est abattu de trois balles dans la tête le 19 janvier 2007 à la sortie de son journal *Argos*, en plein cœur d'Istanbul.

D'un journaliste assassiné l'autre :

Le 27 décembre 2015, Naji Jerf, directeur du magazine *Hentah,* est assassiné en pleine rue à la frontière syrienne.

Sur Facebook, une amie publie des photos du défunt. C'est le sosie de l'amant turc ; la même beauté, les yeux en amande, toute la gamme des émotions humaines en palimpseste dans les traits du visage.

I wonder, écrit-elle : *will there be massive million-person marches for Naji Jerf, who was executed by ISIS today ? Will people around the world tweet #JeSuisNaji and change their profile pictures ? Will million line-up to get the next copy of Hentah ?*

49

L'atelier de Cihangir est un bordel sans nom, mais chaleureux. À l'étage, la mezzanine accueille les fumeurs, et j'y tiens vaguement salon pendant des semaines passées à écrire sur la grande table à dessin, au milieu des cendriers abandonnés par l'amant. J'écris ou je n'écris pas, le plus souvent je zone sur les réseaux sociaux, je m'invente des rituels d'écriture le matin, et quand à midi j'ai besoin de sortir je vais imprimer mes pages chez le photocopieur du coin et je vais relire, corriger, annoter, tout reprendre à la terrasse d'un café. La nuit, j'ai envie de tout foutre à la poubelle, de laisser tomber. Mais le lendemain à l'atelier, je n'ai que cela à faire, je me remets à l'écritoire.

Comme nombre de commerçants d'Istanbul, je place un bol de croquettes devant la devanture pour attirer les chats. Presque immédiatement, c'est un chat bigarré, un chat écaille de tortue comme mon ancien chat chéri, qui prend ses habitudes à ma porte. Il s'installe en boule entre les choses éparses de la vitrine, et dort là. Des passants s'en amusent, le prennent en photo.

Quand il se réveille il fait un tour du propriétaire de l'atelier, me regarde fixement, d'un regard interrogateur qui ne demande rien. Quand je tends la main pour le caresser, il griffe. Et va se recoucher dans la vitrine. J'ai la nostalgie de mon chat gentil. Et surtout, forêt mal cachée par l'arbre-chat, de Charb. Le vide accablant que rien ne peut combler, sauf à se répéter en boucle, sans plus d'espoir de se renouveler, ce qu'il aurait dit, ce qu'il aurait voulu faire et voir dans cette ville qu'il aurait aimée et qu'il ne connaîtra jamais. Et pendant ces heures interminables à tâcher de me distraire moi-même, à nous inventer un présent inaccessible, à me repaître de souvenirs drôles ou déchirants, incommunicables, rien de ce que je peux imaginer ne me défait de ce sentiment d'ennui profond de lui.

Parfois j'appelle à la rescousse des amis qui viennent me tenir compagnie à l'atelier ou, quand je ne suis pas sortie de la journée, passent me tirer de ma torpeur improductive à l'heure de l'apéro, quand Istiklal toute proche commence à battre la mesure de la nuit stambouliote.

Ce soir, quelques camarades viennent fumer avec moi en attendant l'heure d'aller se tourner la tête ailleurs.

Ayhan est là, il vient avec ses vinyles et s'est mis en tête de faire mon éducation musicale turque. On passe en guise de prélude de nos séances cette chanson de Peyk qu'on adore, dont le clip fait se superposer des images de défilés et d'entraînements militaires avec des flashs de danses du monde entier. La danse absorbe tout, la violence brute et la suffisance pompière, dégoupille, transforme et jubile dans un grand feu d'artifice narquois.

Ayhan, comme tous ceux que je rencontre ici et qui ne sont pourtant, d'élection en élection, qu'à peine un dixième de la Turquie, est ouvertement prominorités, notamment kurde, et milite dans le nouveau parti gauchiste HDP. C'est une baraque, un genre de grand ours aux cheveux grisonnants et au regard doux, la voix profonde. Il tient à me parler en français, ce qui crée entre nous un rapport direct qui isole les autres, les agace et les intrigue. Ayhan m'explique gravement que la Turquie va sombrer, sous peu. Lui aussi parle de guerre civile imminente. Il en veut pour preuve les messages qu'il reçoit, depuis les dernières élections et la revanche des conservateurs au pouvoir, sur la page Facebook de son parti. Tout est en turc bien sûr ; dans n'importe quelle autre langue il suffirait de cliquer sur Google Translate, mais le turc est réfractaire à l'intelligence artificielle de nos smartphones, réalise-t-on : les traductions proposées par Google en français ou en anglais n'ont absolument aucun sens. Ayhan hausse les sourcils et suppose, ironiquement, imitant le président Erdoğan, que ce doit être un effet d'on ne sait quel complot mondial contre la Turquie... Il me traduit donc, lentement, de façon quelque peu décousue, des messages dont je reconnais tout de suite la rhétorique, la violence, la rage, pour en avoir tellement reçu d'identiques à *Charlie*.

On va niquer vos mères, vos femmes, vos gosses. On verra bien si vous rirez toujours quand on vous aura laminés, quand on aura le pouvoir, quand Allah vous punira. Le Prophète ceci cela. Attendez qu'on rase ces pays de traîtres, etc.

Des messages par dizaines, par centaines, quotidiens.

J'hésite avec Ayhan. Il porte ostensiblement les couleurs du HDP. En bas de la mezzanine quelques badauds entrent et sortent de l'atelier ; la porte est ouverte ; les terrasses des marchands de thé de Cihangir sont bondées et les commerçants de ce quartier sont acquis au parti présidentiel. Je prends conscience qu'il se promène dans un environnement très mélangé, potentiellement hostile, sans protection.

Je lui pose la question, ne se sent-il pas en danger. Il rit. Mais il rit franchement, tellement sûr de lui.

Nos amis se tournent vers nous, il leur répète, jovial, que je suis inquiète de sa sécurité.

J'ai fait la guerre, ma chère. Et pas chez les tendres. Qu'ils viennent toujours.

Ça me cloue le bec. Même si je doute que les types capables d'attaquer un journal surveillé par les flics et des gardes du corps armés se demandent si le doux Ayhan a quelques notions de combat armé. Mais après tout, peut-être a-t-il raison ; la réputation des miliciens du PKK n'est plus à faire.

Il y a quelques années, lors d'une dédicace dans une librairie de Ménilmontant, nous avions sympathisé avec un tout jeune réfugié du Kurdistan. Bu des verres, ri de choses et d'autres – mais pas du PKK. La semaine d'après, Charb brodait dans Maurice et Patapon une pirouette qui s'achevait, potache, par un jeu de mot bas de plafond : J'ai PKK dans ma culotte. Le jeune Kurde avait réclamé à Charb l'original. J'espère qu'il l'a encore chez lui.

50

Je ne sais pas ce qui s'est passé. On avait beaucoup bu, avec les médicaments, tu sais... On est rentrés à l'appartement complètement titubants, on avait vidé toutes les bouteilles de raki du restaurant, on avait beaucoup parlé de *Charlie*. Il a fermé la porte derrière moi, il était fébrile, il m'a plaquée au mur, brutalement, ne me laissait rien faire, pas le toucher, il s'énervait. Quand il m'a pénétrée il m'a agrippée à la gorge. J'ai eu du mal à respirer, ça a duré quelques secondes, pas tellement plus, mais la tête m'a tourné. Et tout d'un coup je me suis comme détachée de mon corps. Je me suis vue très clairement, comme si j'étais dehors derrière la porte d'entrée fermée et qu'à l'intérieur il y avait mon corps, une épée plantée dans le ventre, clouée à la porte par les entrailles et l'épée transperçait mon ventre et traversait la porte et je la voyais de dehors bouger encore et je sentais la douleur immense immense dans mon ventre et toutes les viscères qui se déchiraient... J'ai hurlé à la mort, et il a à peine eu le temps de se dégager, j'ai vomi, vomi autant que je pouvais.

[…] Tu es où là ?

Sur le balcon. Je suis dehors, je respire, la nuit est si calme. Ça va mieux, je suis vidée.

Et lui ?

Il s'est couché, il dort je pense. De toutes manières, il ne comprend pas ce que je dis.

Tu es sûre que tu vas rester là cette nuit, avec lui ?

Je crois que je perds la tête, mais ce n'est pas lié à lui. Je fais des cauchemars... Je préférerais ne pas avoir à dormir. J'ai encore cru croiser Tignous cet après-midi. Je suis épuisée.

Va à l'hôtel. Et arrête de boire ! On se rappelle demain.

Je raccroche et le silence enveloppe le quartier. Quelques hommes stationnent devant le bordel un peu plus bas. La synagogue est éteinte. La vieille femme qui vit au dernier étage de l'immeuble des Arméniens à côté a dû s'endormir avec la télé allumée. Le soleil se lève on dirait, encore faible, sur l'Istanbul asiatique, on devine peut-être la lumière de demain. Quoique, c'est plutôt les reflets de la ville lointaine. La nuit a encore de belles heures devant elle.

51

Les cargos se succèdent lentement vers la mer Noire dans un sens, vers la mer de Marmara et la Méditerranée dans l'autre. Quelques passants dans la rue, des chats qui se battent au loin, des chiens errants. Au troisième étage de ce vieil immeuble mal entretenu, surplombant une rue qui plonge en pente raide, je me demande si le balcon est vraiment stable.

J'interroge du regard les fixations dans le mur. Comme si j'y connaissais quoi que ce soit.

Si je tombais, on croirait un suicide. Ou pire, on accuserait l'amant. Julie parlerait de nos étreintes violentes, le médecin légiste verrait les marques sur mon corps. Mais les psys feraient le lien fatal avec mes antécédents familiaux. Il y aurait peut-être des entrefilets dans les journaux, Une ancienne de *Charlie* meurt dans des conditions étranges à Istanbul.

J'ai presque envie d'écrire un mot, au cas où, comme Romain Gary, « Rien à voir avec Jean Seberg », au moment où sa voix me fait sursauter

Man, what are you doing out there ?

Je crois que c'est la première fois qu'on m'appelle *Man*, j'ai envie d'éclater de rire, sa tête mal réveillée, il se frotte le visage comme pour le recomposer, se sert un verre d'eau, attrape des cigarettes et me rejoint sur le balcon. La rambarde branle dangereusement. Il est nu. Croise les jambes sur la petite chaise pliante, allume sa clope, le coude posé sur le garde-fou, contemple la vue. Il a un geste de la main, presque imperceptible, les doigts qui s'ouvrent comme épatés par ce panorama extraordinaire. Un instant passe en silence où je le regarde regarder le Bosphore à nos pieds, comme si c'était mon œuvre que je venais de finir et que je guettais sa réaction.

Jamais vu un homme dont la beauté me touche autant. Souvent quand il m'embrasse j'ai une envie irrésistible de sourire. Il me demande ce qui m'arrive. Rien. Juste toi.

What are you thinking about ?

Je ne saurais pas dire, et j'ai peur de l'embarrasser avec mon obsession de lui, mon insistance. Je pense à ce texte de Charb que j'adore, que j'ai envie de lui raconter. Il est 4 ou 5 heures du matin, on est nus sur le balcon du monde, je peux bien me lancer dans la traduction de « Mort aux radins de l'amour » ; un de ces textes courts qu'on appelait fatwas (ça nous faisait rire à l'époque, cette idée de colères disproportionnées sur des sujets anodins), parmi les premiers que j'ai publiés quand je suis arrivée à *Charlie*. J'aimais tellement le romantisme débridé et vulgaire de Charb que je le sais quasiment par cœur.

L'amant écoute attentivement. La mise en contexte, le couple d'un soir qui se quitte au matin, et l'un des deux a le malheur de dire à l'autre qu'il l'aime. Il me fait répéter pour être sûr de bien suivre. *Say it again ?* Je cite en français rien que pour rire de la musique gratuite, légère et cassante, de Charb : « La gaffe. Après une bonne baise, il vaut mieux dire Casse-toi minable, tu niques comme une lampe de chevet, plutôt que Je t'aime. Je t'aime c'est pour toute la vie. Je t'aime c'est une clef USB contenant les mille pages d'un contrat entièrement écrit en cyrillique. »

Je traduis laborieusement, de mémoire, avec mes mots en anglais, mais ça marche. Dans le silence de la nuit stambouliote, un soir de 2015, nous sommes ces deux amants qui se récitent un texte de Charb en guise de déclaration d'amour.

Sounds pretty epicurian, acquiesce-t-il, *for a fatwa.*

52

J'ai pris l'habitude de me relever à la prière de la nuit, pour être seule avec moi après l'alcool et le sexe et écrire, essayer du moins, au salon sans déranger l'homme qui dort, assommé de whisky et d'endorphines.

Sur fond de LCD Soundsystem je vide une bouteille d'amaretto, verre à verre, bricolant un cocktail ravageur qui s'appelle le Godfather, avec du whisky et des glaçons pilés manuellement, et je mouline pour la dixième fois ce même récit que je ne sais comment prendre, qui s'essouffle, qui me troue le ventre que je voudrais pouvoir vomir mais que je ne fais que pleurer, ça ne marche pas, rien à faire de toute cette bouillie de mots qui ne disent rien, du rien qui justement échoue à dire le néant. Des pages et des pages dont il n'y a vraiment pas grand-chose à sauver, je rature paragraphe après paragraphe, je déchire les plus mauvais.

Je lève les yeux de mon jeu de massacre scripturaire et à l'horloge il est 4 h 48 exactement. L'heure d'aller prendre la température du vide. Istanbul au balcon dort comme une cocotte-minute.

Je déchire méthodiquement des paquets de feuilles et je regarde les morceaux tendrement tomber comme neige sur un roman d'Orhan Pamuk. J'écoute le bruit qu'ils feraient en touchant terre mais rien ne me remonte. Trop léger. Il faudrait du lourd, j'en manque pas pourtant. Lester et écouter les corps chuter. 4 h 48 c'est une bonne heure pour faire ça. J'essaie d'arracher une latte de la petite chaise en bois qui ne casse pas, je suis tellement faible que même une bête chaise en bois me résiste, ça m'agace, je me blesse, je jette la chaise par-dessus bord.

Je me penche aussitôt pour bien la regarder tomber et elle s'écrase en faisant un pas si grand bruit mais un joli impact.

Comme dirait Beckett,
À moi
De jouer
Ouverture de la trappe.

J'allonge une jambe sur le garde-fou et comme je titube sévère, je me concentre pour rester ainsi en équilibre et tirer une belle révérence à la nuit, les bras en couronne au-dessus de la tête comme on apprenait à faire joliment quand j'avais quatre ans au cours de danse.

Je n'ai pas entendu l'amant se lever. Il m'attrape brutalement par le bras et me l'arrache quasiment en me jetant à l'intérieur. Je vole comme un paquet balourd à travers la pièce et je m'écrase dans un craquement atroce au milieu des feuilles déchirées en renversant la table. J'ai la cheville en vrac et un impact à la tête qui me lance et je lui hurle en français qu'il est dingue.

Aucune contagion de ma colère. Il a l'air froidement furieux, ferme la porte du balcon et j'ai un réflexe de peur puérile, terreur devant la colère du père, je m'enfuis dans la chambre la cheville en feu, je m'allonge de mon côté du lit gelé, je pleure, pleure toutes les larmes de mon corps en essayant de faire zéro bruit comme si j'étais cachée et poursuivie, lui faire croire que j'ai disparu – je ne l'entends plus lui non plus. J'ai mal partout.

De longues minutes passent. Je me calme. Je passe la main dans mes cheveux, j'ai la paume rouge de sang. Je me relève. Au passage, je jette un œil méfiant, animal, du côté du salon. L'amant est assis sur le canapé, fume une cigarette. Il fixe mes brouillons comme si à force de les hypnotiser il allait déchiffrer leur magma impénétrable de langue étrangère.

Bien sûr qu'il m'a entendue sortir de la chambre, qu'il sent ma présence. J'espère qu'il dise quelque chose qui me rassurerait.

Je m'approche, m'appuie contre le mur à l'entrée de la pièce, je n'ose pas vraiment avancer davantage. Il expire sa fumée pensivement, écrase sa cigarette dans le cendrier entre les cadavres de bouteilles, les glaçons en miettes fondantes et les papiers déchirés, il se lève. Au passage il dépose un baiser sur mon épaule, et me dit les yeux dans les yeux, catégorique,

Don't you even try to kill yourself.

Et il retourne se coucher. J'embrasse du regard la scène sens dessus dessous. Des lambeaux d'histoires, d'amour et de violence éparpillés au sol, qu'éclaire faiblement déjà, troublant l'horizon, la lumière du jour qui se lève entre chien et loup, sur Istanbul impassible.

« Sounds pretty epicurian, for a fatwa. »

Imprimé au mois de juin 2016
par les imprimeries Corlet, en Normandie.
ISBN : 978-2-37055-111-5.
Dépôt légal : été 2016.
Numéro d'imprimeur : 182928.